Ibrahim Abouleish
Die SEKEM-Symphonie

Bibliographische Information der Deutschen Nationalbibliothek
Die Deutsche Nationalbibliothek verzeichnet diese Publikation in der Deutschen Nationalbibliographie; detaillierte bibliographische Daten sind im Internet über http://dnb.ddb.de abrufbar.

ISBN 978-3-95779-027-9

1. Auflage 2004 im Verlag Johannes M. Mayer, Stuttgart, unter dem Titel „Die Sekem-Vision"
6. aktualisierte und stark erweiterte Neuauflage 2015, Info3-Verlag, Frankfurt am Main

© 2015 Info3-Verlagsgesellschaft Brüll & Heisterkamp KG

Typographie, Satz und Umschlaggestaltung: Frank Schubert, Frankfurt am Main,
www.frankundfrei.me

© für alle Abbildungen: SEKEM

Druck und Bindung: CPI Books, Leck

Ibrahim Abouleish

DIE SEKEM-SYMPHONIE

NACHHALTIGE ENTWICKLUNG FÜR ÄGYPTEN IN WELTWEITER VERNETZUNG

ÜBERARBEITETE UND STARK ERWEITERTE NEUAUSGABE

MAYER
INFO3

*Für die vielen Freunde von SEKEM, deren Ideen und deren Einsatz
dieses Buch möglich machten*

VORWORT

Wenn ich gefragt werde, was SEKEM ist, und erzähle von den Schulen, der Universität und der Erwachsenenbildung, dann stellt sich der Fragende einige soziale Einrichtungen vor, die irgendwie finanziert werden und weitestgehend auf Spenden angewiesen sind. Wenn ich ausführe, dass SEKEM aus erfolgreichen Unternehmen besteht, dann trifft das ebenso zu, aber nicht ausschließlich. Ich könnte auch sagen: SEKEM ist eine politische Initiative, eine Forschungsinitiative, eine ökologische Initiative. Alles ist richtig, und doch ist es nicht das, was SEKEM ist. Was also ist SEKEM eigentlich? – Wir kennen alle ein Orchester, in dem Streicher, Bläser und Trommler zusammenspielen. Jeder Spieler hat seine eigenen Noten, kennt sein Instrument und seine Fähigkeiten, es so gut wie möglich zu beherrschen. Lediglich der Dirigent hat die gesamte Partitur vor sich und alle gemeinsam, Spieler und Dirigent, ordnen sich der Idee des Komponisten unter. Jeder Einzelne bringt sich nach Vermögen ein, nimmt sich aber auch zum Besten des Ganzen zurück, wie es die übersinnliche Idee der Komposition, der alle dienen, braucht. Nicht nur jeder für sich ist gut, sondern alle hören aufeinander. Dadurch entsteht Musik.

SEKEM ist also der Zusammenklang aller einzelnen Bereiche, die, für sich gesehen, autonom sind. Und doch macht erst das Zusammenspiel, das Miteinander der einzelnen Bereiche, das Ganze aus, wie bei einer Symphonie.

In den letzten Jahrzehnten hat die landwirtschaftliche Nutzfläche, die fünf Prozent der Landesfläche ausmachen, in Ägypten kontinuierlich abgenommen und 95 Prozent sind Wüstengebiete. In großem Umfang wurde kostbares Ackerland überbaut und damit der Nahrungserzeugung entzogen, während gleichzeitig die zu ernährende Bevölkerung exponentiell wuchs. Mitte des vergangenen Jahrhunderts lebten 18 Millionen Menschen in Ägypten und die Bevölkerung ist gewachsen auf heute 90 Millionen. Ägypten erhält jährlich 55 Milliarden Kubikmeter Wasser vom Nil. Durch den Bevölkerungszuwachs entsteht eine Wasserknappheit, die in den kommenden Jahren eskalieren wird. Die Probleme Bevölkerungswachstum und Wohnungsnot wurden zum Teil kommerziell angegangen auf Kosten künftiger Generationen, weil kein Bewusstsein für größere Zusammenhänge und Auswirkungen vorhanden war. Die Überbevölkerung schränkt den Lebensraum ein, was zu problematischen Verhaltensweisen im sozialen Umgang der Menschen miteinander führt.

Das sind brennende Probleme in der ägyptischen Gesellschaft, die mich intensiv beschäftigten. Ich wollte ein Modell einer Gemeinschaft aufbauen, die neuen fruchtbaren Boden in der Wüste schafft, auf dem gesunde Pflanzen und Tiere gedeihen können, und ich wollte auch Menschen ausbilden, die sich daran entwickeln in neuen sozialen Räumen.

Die komplexen Zusammenhänge genauer aufzuzeigen und die Hintergründe zu beleuchten, die Geschichte der Initiative mit der Geschichte der vielen mutigen Menschen, die daran mitgewirkt haben, in Zusammenhang zu bringen, das »Wunder der Wüste« zu erzählen, das soll Ziel dieses Buches sein. Die Gesetzmäßigkeiten des Lebens begleiteten und formten SEKEM, und daher möchte ich anhand meines Lebenslaufes, hineingewachsen in die Geschichte SEKEMS, von dem Weg dieser Initiative erzählen. Dabei ist es mir ein inneres Anliegen, all jenen zu danken, die an der Entstehung dieses Buches beteiligt waren.

Als erstes möchte ich meiner Frau Gudrun für ihre unendliche Geduld, Fürsorge und Liebe danken. Sie ist mit mir nach Ägypten gekommen und hat SEKEM von Anbeginn an tatkräftig unterstützt. Sie hat es verstanden, mir die Alltagssorgen abzunehmen, und hat mir so Raum zur Verwirklichung der SEKEM-Ideen geschaffen. Ihre Arbeit am Manuskript hat wesentlich zu der hier vorliegenden Form beigetragen.

Auch bei meinem Sohn Helmy möchte ich mich bedanken. Er hat die Wirtschaft SEKEMS durch die vielen Höhen und Tiefen ständig mit enormer Sicherheit und strategischem Weitblick geführt. Durch seinen Humor und seine Positivität hat er viele Menschen für die Idee begeistern können, was schließlich den Inhalt dieses Buches entscheidend beeinflusste.

Mein ganz besonderer Dank gilt Barbara Scheffler, die es mir durch ihre geduldige Ausdauer ermöglichte, meine Erinnerungen wachzurufen. Ihr gelang es, die gesamten Informationen zu überarbeiten und somit die Grundlage für diesen Lebensbericht zu schaffen.

Jens Heisterkamp danke ich für seine spontane Bereitschaft, die Lektoratstätigkeit zu übernehmen. Die Zusammenarbeit mit ihm half mir, Ordnung in meine Ideen und Gedanken zu bringen.

Dank gilt auch Konstanze Abouleish und Hans Werner, die mir wertvolle Anregungen und Einblicke lieferten und die Entstehung dieses Buches liebevoll begleitet haben.

Mein Leben lang hatte ich das Glück, Menschen an meiner Seite zu haben, die mich förderten, unterstützten und liebten. Sie erfüllten mein Leben mit Freude und halfen mir, mich zu entwickeln. Leider ist es nicht möglich, alle Menschen zu erwähnen, denen ich Dank schulde – und trotzdem ist meine Dankbarkeit gegenüber all denen, die mich begleitet haben und die die Grundlage für diesen Lebensbericht schufen, unendlich groß.

Die Vision

Tief in meinem Innern lebt ein Bild: Mitten in Wüste und Sand sehe ich mich aus einem Brunnen Wasser schöpfen. Achtsam pflanze ich Bäume, Kräuter und Blumen und tränke ihre Wurzeln mit dem kostbaren Nass. Das kühle Brunnenwasser lockt Tiere und Menschen an, die sich erquicken und laben. Bäume spenden Schatten, das Land wird grün, Blumen verströmen ihren Duft, Insekten, Vögel und Schmetterlinge zeigen ihre Hingebung an Gott, den Schöpfer, als sprächen sie die erste Sure des Koran. Die Menschen, das geheime Gotteslob vernehmend, pflegen und achten alles Geschaffene als Abglanz des Paradiesgartens auf Erden.

Dieses Bild einer Oase inmitten einer lebensfeindlichen Umgebung ist für mich wie ein Auferstehungsmotiv in der Frühe nach einer langen Wanderung durch die nächtliche Wüste. Es stand modellhaft vor mir, noch bevor die konkrete Arbeit in Ägypten begann. Und doch wollte ich eigentlich mehr: Ich wollte, dass sich die ganze Welt entwickelt.

Lange hatte ich darüber nachgedacht, wie die Initiative, die ich aufgrund meiner Vision verwirklichen wollte, heißen sollte. Aus meiner Beschäftigung mit der alten ägyptischen Hochkultur wusste ich, dass SEKEM Lebenskraft bedeutet. Diesen Namen sollte die Initiative tragen, die ich am Rand der Wüste zu gründen begann. Dieses Buch erzählt davon, wie sich alles entwickelt hat.

Helmy und Mona Abouleish, 1966

Erster Teil

» ... denn jedem Anfang wohnt ein Zauber inne,
der uns beschützt und der uns hilft zu leben.«

Hermann Hesse

Die ersten Lebensstationen

Kindheit

Jeder Besuch meines Großvaters war ein Fest. Auf seinem Gang in die nahe Moschee zum Gebet durfte ich ihn begleiten. Wir traten aus dem Haus. Ein leichter Dunst lag über den Gärten und Feldern, durch den eine weiße Sonne strahlte, so weiß wie das Gewand meines Großvaters. Er nahm meine Hand, ich spürte, wie seine Wärme und Geborgenheit mich aufnahmen, und ging schweigend neben ihm durch die Stille des Morgens. Er hatte Zeit für mich. Wenn wir so gingen, war keine Eile. Wir blieben an reich fruchtenden Orangenbäumen stehen, sogen den Duft von Rosen ein und freuten uns daran, wie ein Schmetterling selbstvergessen auf einer Margerite Nektar sog. Mein Großvater fand auf all meine kindlichen Fragen ausführliche Antworten, die mich tief befriedigten. Er hockte sich vor die weiß leuchtende Blüte mit dem tanzenden Schmetterling und nahm mich auf seine Knie. Ich schmiegte mich, seine Milde genießend, an ihn. Der Schmetterling entfaltete seine bunten Flügel, hob sich von der weißen Blüte in den blauen Himmel und wir beide, mein Großvater und ich, sahen ihm lange nach.

Nach dem Besuch der Moschee begleitete ich meinen Großvater zum Bäcker und wir holten Fladen für die ganze Familie. Ich tauchte tief in den Duft und die Wärme dieses Ortes ein, nahm von einem freundlich blickenden Mann die großen runden »Fetier« in meine Arme und trug sie wie Heiligtümer nach Hause. Meine Mutter kam uns durch den Garten entgegen und ich reichte ihr die zuckerglänzenden Brote. Dann sprang ich davon, kletterte auf den riesigen Sykomorenbaum und wiegte mich in seinen Zweigen.

Mit dem Großvater war auch die Großmutter gekommen und half meiner Mutter beim Nähen. Gegen Abend legte sie ihre Nähsachen aus der Hand, faltete die Hände und entspannte sich. Darauf hatte ich nur gewartet, kroch auf ihren Schoß und bat um eine Geschichte, von denen ich nie genug bekommen konnte. Ich wusste, sie kannte die schönsten der Welt und konnte sie spannend erzählen. Es mussten gar nicht immer neue sein, ich hätte hundert Mal dieselbe hören können. Gerne erzählte sie mir vom Großvater, der aus Marokko stammte und in Kairo Textilhändler war. Meine Großmutter hatte früher in Menja gelebt, der Stadt Echnatons. Die Religiosität des Großvaters und die stille Freundlich-

Ibrahims Großvater und Großmutter mütterlicherseits

keit der Großmutter prägten die Kindheit und das Leben meiner Mutter. Meine Großmutter erzählte mir, dass meiner Mutter nach meiner Geburt die Milch gefehlt habe und dass ihr, als älterer Frau, Milch gekommen sei und sie mich damit genährt hatte. Da schmiegte ich mich an sie und genoss die warme Lebenskraft, die von ihr ausströmte. – Der Großvater meines Vaters, der aus Galiläa stammte, war ein reicher Baumwollhändler in Ägypten gewesen. Die Mutter meines Vaters kam ursprünglich aus Syrien. Für meine Großeltern war ich das erste Enkelkind, das sie mit all ihrer Liebe verwöhnten. Obwohl zwei Jahre später meine Schwester Kausar zur Welt kam und danach alle zwei Jahre vier weitere Geschwister, Mohammed, Hoda, Nahed und Mona geboren wurden, lebte in mir die Empfindung, dass meine Großeltern und besonders meine Großmutter allein nur für mich da waren.

Ich habe zwei Geburtstage: den Tag, an dem ich in Mashtul das Licht der Welt erblickte, und den, der noch immer in meinem Pass verzeichnet ist – der 27. April – und den ich bis in meine Jugendzeit hinein als meinen Geburtstag kannte. Mein Vater hielt täglich sorgfältig alle Geschehnisse in seinem Notizbuch wie in einem Tagebuch fest. Als ich ihn einmal bei seinen Eintragungen erlebte, fragte ich ihn spontan: »Hast du auch meinen Geburtstag aufgeschrieben?« Er holte das Notizbuch des Jahres 1937 und las mir eine Eintragung zu meiner Geburt vor, die er am 23. März verzeichnet hatte, der islamischen Zeitrechnung nach der 10. Moharram 1356. Auf meine Frage, warum mir bisher ein anderes, rund einen Monat später liegendes Datum bekannt sei, erklärte er mir, dass es üblich sei, erst Wochen oder manchmal sogar Monate später die Ankunft eines Kindes bei den Behörden zu melden. Dieser Tag wurde dann im Pass als Geburtsdatum vermerkt.

Meine Tante Aziza hatte einen herrlichen Garten mit Guaven-, Mango-, Orangen- und Granatapfelbäumen, mit Bougainvillea, Rosen und Hibiskus. Immer, wenn ich sie einige Tage besuchen durfte, beschenkte sie mich mit Früchten und gab mir frische Honigwaben zum Aussaugen. Lächelnd blickte sie auf mich nieder und freute sich, wie es mir schmeckte. In der Frühe standen wir beide auf und gingen in die Milchkammer, wohin die Milch von den Kühen gebracht wurde. Von der Decke hing an zwei Seilen eine Ziegenhaut. Dort hinein leerte sie den Rahm und begann die Haut zu schütteln, wobei ich ihr kräftig half. Wir beobachteten, wie die Milch allmählich flockiger wurde und zu Butter zusammenklumpte. Dann sprang ich wieder in ihren Garten. Immer war jemand um mich, der auf mich acht gab und mich behütete.

In diesem Garten stand ein Brunnen. Wenn ich mich ihm näherte, bekamen meine Wärterinnen ängstliche Gesichter. Einmal in der Hitze des Tages war niemand da. Ich befand mich in der Nähe des Brunnens, beugte mich herab und blickte in die feuchte, schwarze Tiefe. Da verlor ich den Halt und fiel hinein, fiel nach meinem Erleben tausend Meter tief, so lang währte das Fallen, dabei waren es höchstens drei bis vier Meter. Auf dem Grund gab es kein Wasser, aber ganz trocken war er zum Glück auch nicht. Dumpf traf ich unten auf und blieb liegen. Sogleich eilte eine Frau herzu und ließ mich aus dem finsteren Brunnenschacht herausholen. Aber für mich hatte sich etwas verändert. Ich sah die Welt mit anderen Augen und erkannte, dass sie auch Gefahren barg.

Ibrahims Vater Ahmed und Mutter Ihsan

KAIRO

Die Familie Sabet, deutsche Juden, die aus der Nähe von Stuttgart übergesiedelt waren, führten in Ägypten den Kunstdünger ein. Mein Großvater wurde damals einer der größten Kunstdüngerhändler Ägyptens. Mein Vater, der zunächst mit meinem Großvater geschäftlich zusammengearbeitet hatte, machte sich mit eigenen Firmengründungen selbstständig, von denen ich noch ausführlicher erzählen möchte. So zogen wir, als ich vier Jahre alt war, in die Stadt. Meine Eltern führten mich durch ein geräumiges helles Haus mit vielen Zimmern und unendlich zahlreichen riesigen Kartons mit kostbarem Geschirr. Fremde Leute brachten schöne Möbel, die glänzend lackiert waren und fein rochen, denn meine Eltern richteten sich ganz neu nach europäischem Stil ein. In einem prächtigen Salon empfing meine Mutter Gäste zum Tee. Besonders Berta Sabet, die Frau eines Geschäftspartners meines Vaters, besuchte uns oft. Sie trug vornehme Hüte und rauchte mit einer langen Zigarettenspitze. Meine Mutter liebte diese Eleganz.

Wir zogen in dieser Zeit mehrmals um und bewohnten, als ich sechs Jahre alt war, eine Wohnung im dritten Stock eines hellen, wunderschön verzierten alten Hauses mit riesigen, unendlich vielen und, wie mir schien, hohen Zimmern. Um uns herum wohnten viele Juden. Rachel, unsere Nachbarin, sah es nicht gern, wenn meine Schwester und ich morgens die Treppen herunter sprangen und in den christlichen Kindergarten Sankt Anna eilten: »Pfui«, meinte sie dann, »dass ihr in so eine schreckliche Schule geht, verstehe ich nicht!« – Samstags kamen die Nachbarn öfter zu uns Kindern und baten, für sie das Licht anzuzünden, weil sie selbst am Sabbat keine Arbeit verrichten durften. Wir bekamen zum Dank für unsere kleinen Gefälligkeiten Kekse.

Ramadan – ein herrlicher Monat, die schönste Zeit des Jahres begann und wir Kinder bekamen kleine Laternen, Fanouz genannt. Wir öffneten an diesen wunderschön geformten, farbigen Glasgefäßen ein kleines Türchen und zündeten das Licht an: wie verzaubert erschien der Raum von dem herrlichen Farbenspiel! Meine Schwester Kausar und ich trugen die Lichter durch die Straßen und sangen vor fremden Türen Lieder. Ich sang laut und inbrünstig, denn ich erhielt dafür Kuchen und andere schöne Sachen.

Ramadan – das waren auch die abendlichen Geschichten, die meine Mutter vom Propheten erzählte. Andächtig lauschten wir und bewunderten, was der Prophet alles ertragen und ausgehalten hatte, wie klug er die Fragen, die an ihn gerichtet wurden, beantwortete, wie viel Freiheit er den Mitmenschen zutraute. Es entstand das Bild eines bewundernswerten Mannes in meiner Seele: sehr zart und sehr weise, sehr stark und sehr bestimmt. Meine Mutter oder meine Großmutter erzählten uns Geschichten von den Jüngern des Propheten. Bis tief in die Nacht hinein saßen sie bei uns. Auch schon bekannte Erzählungen erlebten wir immer wieder neu und mit Spannung.

Am Ende des Monats Ramadan liegt ein großes Fest, Bairam genannt. Dazu wurden wir neu eingekleidet, bekamen neue Schuhe und ein neues Gewand. Es roch alles so gut. Meine Mutter legte die herrlichen Sachen in einen Schrank und wir durften sie erst zum Festtag anziehen, der dann voller weiterer Überraschungen war. Die Frauen buken riesige Mengen puderzuckerbestreuter Kekse. Wir Kinder hockten um den großen Küchentisch und halfen eifrig mit, kleine Törtchen auszustechen, die mit Dattelmus gefüllt wurden. Wir legten sie auf große Bleche, die übereinander gestapelt und nummeriert von einem Dienstmädchen auf dem Kopf zum Bäcker getragen wurden. Das fertig gebackene, duftende Gebäck sortierte meine Mutter in kleine Schachteln, die ich zu den Armen trug. Das gefiel mir. »Meine Mutter grüßt euch!«, sagte ich bei der Übergabe an der Haustür. Die Menschen freuten sich und ließen ihr Dank ausrichten.

Mein Vater brachte mich in eine französische Schule, wo ich drei Jahre lang die französische Sprache erlernte. Nachdem meine Schwester Kausar auch dort eingeschult worden war, merkten wir beide bald in einem stillen Übereinkommen, dass wir eine Art Geheimsprache kannten, die niemand im Hause verstand. Meine Mutter litt darunter und kämpfte mit Erfolg darum, dass ich in eine ägyptische Schule kam, während Kausar bis zu ihrem Abitur bleiben durf-

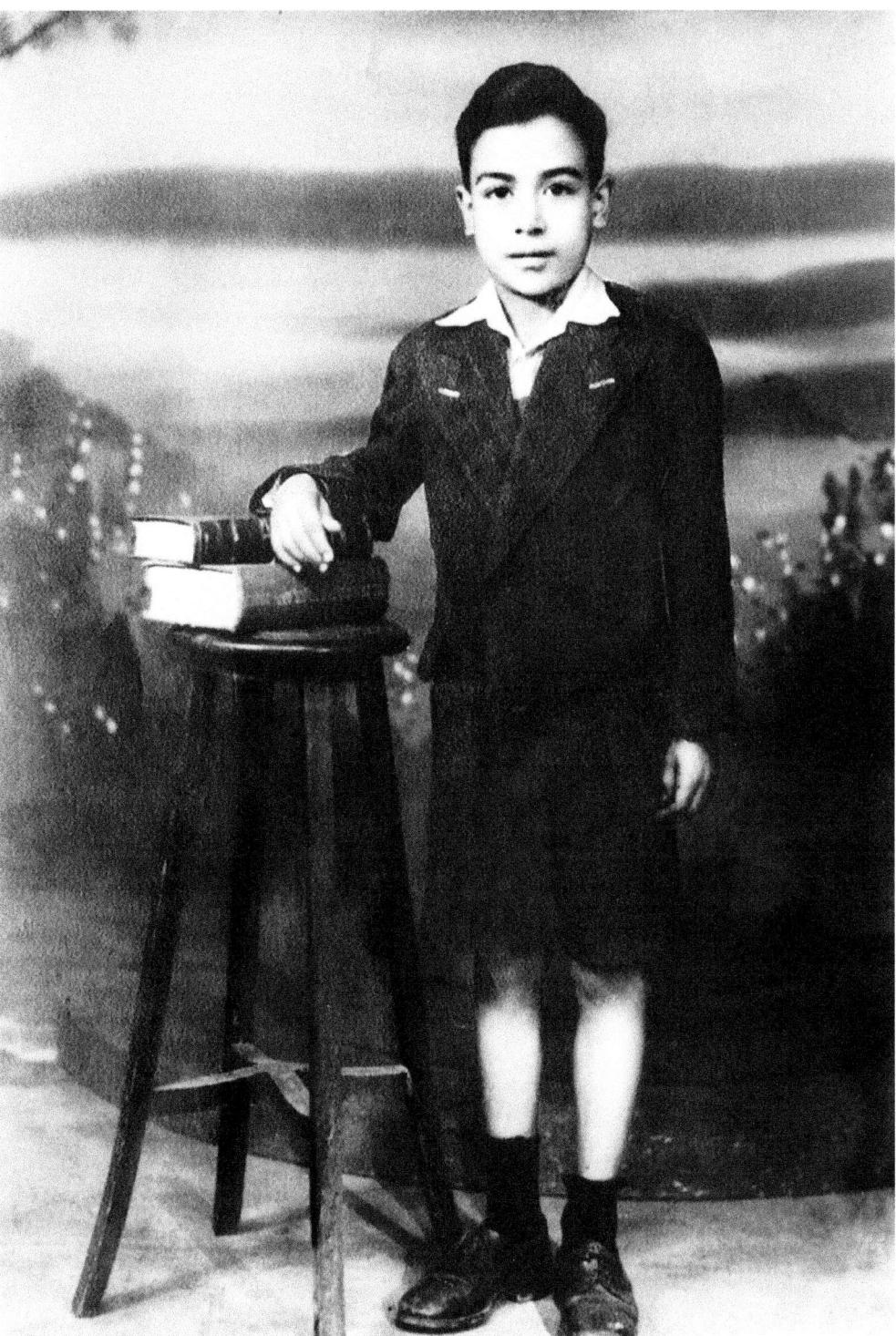

Ibrahim im Alter von 12 Jahren

te. In unserem großen Haus hatte jeder von uns Kindern sein eigenes Zimmer. Kausars Raum war immer ordentlich und schön eingerichtet und auch mir war es ein Anliegen, dass alles um mich gepflegt aussah. Deshalb schlossen wir unsere Räume vor unserem kleinen Bruder Mohammed ab.

Mein Vater gründete damals ein selbstständiges Handelsunternehmen und begann sich, als ich ungefähr neun Jahre alt war, für die Industrie zu interessieren. Er gründete eine Seifenfabrik und eine Süßwarenfabrikation, in der das berühmte, aus Honig und Mandeln bestehende Halwa hergestellt wurde. Die Art, wie mein Vater den Standort für dieses Unternehmen wählte, ist bezeichnend für ihn. Kurze Zeit vor der Firmengründung ereignete sich in dem von vielen Juden bewohnten Viertel ein furchtbarer Anschlag. In einer Straße war ein Wagen mit »Gelati«, mit Eis, abgestellt worden. Gerade als der Eiswagen von Kindern umringt war, ging eine von Extremisten gezündete Bombe hoch. Und genau an der Stelle, wo die Wucht der Explosion einen Ort der Zerstörung hinterlassen hatte, baute mein Vater seine Fabrik als ein Zeichen, dass Terror nie geduldet werden dürfte.

Wenn ich aus der Schule kam, zog ich mich um und lief in die Seifenfabrik. In der großen Halle umfing mich der Geruch von in Riesenkesseln kochender Seifenlauge. Die Arbeiter winkten mich freundlich heran, drückten mir eine der überlangen Stangen in die Hand und ließen mich in der dicken Seifensuppe rühren. Spannend erlebte ich den Moment, wenn die heiße Lauge in die mit Pergamentpapier ausgekleideten Rahmen gegossen wurde, um dort über Nacht zu trocknen. Dabei wurden nach einem Geheimrezept die Öle zugesetzt: echtes Rosenöl, Öl von Zitronen- und Orangenschalen – herrlich! Am nächsten Tag wurden diese zweimal zwei Meter großen Kuchen mit Messern und einer Schnur in kleinere Stücke von 60 mal 60 Zentimetern geschnitten. Ich stand an einem Tisch und schob die Seifenstücke durch die Edelstahldrähte, die im rechten Winkel befestigt waren. So wurden sie erst zu Stangen und beim zweiten Durchschieben zu Seifenstücken gesägt. Wehe, wenn ich nicht acht gab! Mancher Finger erhielt eine Wunde, in der die Seifenlauge brannte. Die fertigen Seifenstücke wurden noch einmal getrocknet und dabei mit einem Stempel versehen. Der Name der Seife lautete übersetzt »Al Doktor« und war in einem Halbmond geprägt. Ich ließ sie gern durch die Finger gleiten und genoss das seidige Gefühl.

Neben der Fabrik befand sich eine Schreinerei, in der die Holzkistchen für die Seifenstücke angefertigt wurden. Dort arbeitete ich gern und lernte viel im Umgang mit Holz. Ein wirklich genussvoller Augenblick war dann das Verpacken. Farbiges Seidenpapier, Schleifen und vor allem die schöne Beschriftung mit dem Handelsnamen »Al Doktor« machten das Produkt vollkommen. Am liebsten hätte ich alle diese edlen Päckchen selbst behalten, um sie zu verschenken. Genauso ging es mir mit den Produkten der anderen Fabrik meines Vaters, wo die Süßigkeiten entstanden. Ganz praktisch lernte ich am Verpacken, wie die farbig glänzenden Papiere auf den Geschmack und den Duft der einzelnen Bonbons abgestimmt werden mussten.

Dann gab es, an die Fabrik angeschlossen, ein Fuhrunternehmen. Das waren Hand- oder Eselskarren, die die Ware auf den Markt, ins Lager oder in die Läden brachten. Die Gegend um die Fabrik war ein Judenviertel und neben unserer Fabrik stand die Synagoge. Wir waren die einzigen Nicht-Juden in dieser Gegend. Durch diese Umstände wuchs ich mit selbstverständlicher Toleranz auf. Jude bedeutete für mich: Freund. Wenn ich abends aus der Fabrik auf die Straße trat, rief es laut aus einer Ecke: »Ibrahim! Komm und fahr mich bitte!« Dudu war ein behinderter jüdischer Junge, der eigentlich David hieß. Er wartete geduldig, bis ich erschien. Dann setzte ich ihn auf einen dieser Handkarren und fuhr ihn durch die Gassen, und der kleine Dudu jubelte. Wie leicht ließ sich dieser Mensch durch einen Scherz, eine kleine Neckerei erfreuen! Er wollte mich gar nicht mehr loslassen. Andere Leute beobachteten unser kleines Spiel, erzählten es weiter und die Eltern brachten mir immer wieder ihre behinderten Kinder, damit ich sie auf dem Karren spazieren fuhr und mit ihnen spaßte. Als sie mit der Zeit zu schwer wurden, spannte ich einen Esel vor, der sie durch die Gassen zog.

Unser Hausschneider, der die perfektesten Moden zuschnitt und mit der Hand nähte, war ebenfalls ein Jude. Wie stolz war ich, wenn ich wieder einmal mit einem neuen Anzug von ihm auf die Straße trat. Damit konnte ich mich sehen lassen! Natürlich wollte ich den Anzug auch meinem Vater zeigen. Auf dem Weg dorthin rief mich ein Junge an: »Ibrahim!« Ich sah mich um. Da kam der Junge auf mich zu, aber ich kannte ihn nicht. Woher wusste er meinen Namen? Mit treuherzigem Blick erzählte er mir, er sei von meinem Vater beauftragt, mir auszurichten, dass er mich in der Bank erwarte. Nun schlug ich eine andere Richtung ein und er begleitete mich, lobte meinen neuen Anzug und sagte plötzlich ganz traurig: »Weißt du, dass dein schöner Anzug einen Fleck an der Schulter hat? Ich will ihn abputzen!« Er fing an zu reiben und zu wischen. »Ich schaff es nicht. Zieh ihn aus, ich lauf geschwind ins Haus und versuche es mit etwas Wasser. Ich bin gleich zurück!« Ich gab ihm meine Jacke – er aber kam nicht wieder und ich stand lange auf der Straße, bis ich merkte, was geschehen war.

In der ägyptischen Schule hatte ich einen hervorragenden Arabischlehrer, den ich sehr verehrte. Er war ein richtiger Lehrertyp, sauber und pedantisch bis ins Letzte. Seine ordentliche Kleidung, sein Tafelanschrieb, seine gehobene Sprache begeisterten mich und prägten sich tief als Bild eines edlen Menschen in meine Seele ein. Abdu Affifi war mein Idol, und wenn ich zu ihm kommen sollte, wagte ich fast nicht, in sein Zimmer zu treten. In der Oberstufe hatten wir einen Französischlehrer, mit dem ich mich richtig anfreundete. Er war Marokkaner, sprach perfekt französisch und nur gebrochen ägyptisch. Ich frischte meine Sprachkenntnisse aus den ersten beiden Schuljahren auf und redete mit ihm in seiner Sprache. Das freute ihn sehr. – Mein Lehrer im Kunstturnen war Landesmeister, der uns über Jahre an den Geräten und im Bodenturnen hervorragend trainierte. Ich übte begeistert für die Teilnahme an Wettbewerben. Zu Hause lief ich im Handstand durch die Wohnung und erstieg auch die Treppen auf diese Weise unter dem Gelächter meiner Familie.

Mein vollständiger Name lautet Ibrahim Ahmed Abouleish. Da im Arabischen zwischen I und A nicht unterschieden wird, bedeutet dies »AAA«. Wir wurden in der Schule nach dem Alphabet gesetzt und aufgerufen. Deshalb kam ich immer als Erster dran und wurde als Erster gefragt. Viel lieber hätte ich in der Mitte gesessen, um bei schwierigen Fragen erst einmal hören zu können, was die anderen vor mir dazu zu sagen gehabt hätten. So aber waren diese drei »A« für mich nicht immer ein leichtes Schicksal.

Leider hatte ich in den oberen Klassen keinen guten Arabischlehrer mehr und die Stunden und Arbeiten verliefen manchmal qualvoll. Die arabische Grammatik ist sehr schwer. Oft hieß es in meinen Aufsätzen: »Inhalt gut; die Schrift könnte besser sein.« Auch konnte und wollte ich nicht frei vortragen. Das machten die Kinder vom Land viel besser als ich, weil sie sich unbefangener gaben. Deshalb verlegte ich mein Interesse schon recht früh auf die Naturwissenschaften. Bei den Laborversuchen in Physik und Chemie konnte ich vor lauter Faszination über das, was ich sah und erlebte, nie nah genug an dem Geschehen sein und saß den experimentierenden Lehrern fast auf dem Tisch. Ich wollte nicht nur auswendig lernen, sondern verstehen, was ich sah und erlebte. Mathematik fiel mir zu, weil der Lehrer die Inhalte gut vermitteln konnte.

Zum Lernen zog ich mich in mein Zimmer zurück, denn neben einem Schlafzimmer hatte ich noch ein schönes, ordentliches Arbeitszimmer. Wenn ich am Abend mit dem Lernen fertig war und aus meinem Zimmer trat, saß meine Mutter im Wohnzimmer mit einer Näharbeit. Sie ließ die Arbeit sinken und sah mich mit einem feinen Lächeln an: »Magst du mir ein wenig erzählen von dem, was du gelernt hast?« Sie kannte weder die englische noch die französische Sprache, noch wusste sie etwas von physikalischen und chemischen Versuchen oder höherer Mathematik. So setzte ich mich zu ihr und begann ihr alles, was ich vorher gelernt hatte, zu erzählen und auf diese Weise zu vertiefen. Sie hörte gespannt zu, fragte nach und ging ganz auf mich ein. Obwohl sie ja viele Kinder hatte, sparte sie diese besondere Zeit für mich auf. In dieser Sphäre inniger Zuneigung, die uns beide verband, entwickelte sich früh meine Fähigkeit, anderen etwas beizubringen.

SOMMER AUF DEM LAND

Die Sommerferien verbrachte ich stets auf dem Land in meinem Heimatdorf Mashtul im Nildelta, rund fünfzig Kilometer nördlich von Kairo. Dort wohnten zwei meiner Tanten in weit auseinanderliegenden Häusern. Um von der einen zur anderen zu gelangen, brauchte ich Stunden, weil ich auf dem Weg vielen Freunden begegnete. Die Jugend des Dorfes versammelte sich um mich, wir lachten und scherzten, ich gab die neuesten Geschichten zum Besten oder trug meine selbst geschriebenen Gedichte vor. Einmal berichteten sie mir, sie müssten mit einer Archimedischen Spirale Wasser auf die Felder hochdrehen. Da sah ich dieses Gerät und seine Bedienung zum ersten Mal, war ich doch früher, als ich klein war, von der Bauernarbeit fern gehalten worden. Wir hatten ja Angestellte, die alle einfachen Arbeiten für uns verrichteten. Nun empfand ich es wie ein Wunder, wie das Wasser von ganz tief unten allmählich heraufgeschafft wurde, sich in die Gräben ergoss, langsam weiterrieselte und durch einen Erdwall umgelenkt auf das Feld floss. Stundenlang hätte ich drehen können, immer von neuem staunend, dass es so etwas gab. – Sie nahmen mich auch mit zum Korndreschen mit dem Norak, einem Brett mit Eisenscheiben, das über das Korn gelegt wurde. Ein Büffel zog es nun langsam über das Stroh und zerhackte es, sodass die Körner herausfielen. Ich sah zu, redete mit den Arbeitern, erfuhr ihre Lebensweise. Mit der Zeit erzählten sie mir auch ihre Nöte und Wünsche, die ich in ein kleines Heftchen schrieb, mit den Namen dahinter. Menschen interessierten mich, und sicher spürten auch sie meine Zuneigung. Ich kam sehr schnell in Kontakt mit ihnen, besonders auch mit den Armen und Kranken. In Kairo lag das Heft offen auf meinem Schreibtisch und ich überlegte, was ich beim nächsten Besuch mitbringen könnte, um ihnen eine Freude zu machen: Seife, aber auch Stoffe, Kleidung, Schuhe und Süßigkeiten. Alles wurde schön verpackt und in meinem Koffer gut vor den Augen der Eltern und Geschwister verborgen gehalten, denn es war mein Geheimnis. Ich hatte aber eine Scheu, diese Geschenke den Menschen direkt zu geben. Spätabends schlenderte ich durch das Dorf von Haus zu Haus und warf die Päckchen durch die geöffneten Fenster hinein. Dann versteckte ich mich und beobachtete, was geschah. Das war meine stille Freude.

Bis auf meine Mutter wusste niemand davon und sie unterstützte mich bei der Beschaffung der Geschenke. Nur als ich sie einmal um ein schönes Kleid von ihr für jemanden fragte, sagte sie sanft: »Ibrahim, ist das nicht etwas zu viel?« Meine Großmutter erfuhr von meinen Aktivitäten, als sie mich einmal bei meinem geöffneten Koffer überraschte und ganz schlicht fragte: »Hast du auch etwas für mich?« Da beichtete ich ihr alles. Wie war ich beiden dankbar, dass sie mein Geheimnis nicht weitererzählten, denn sie kannten mich gut. Ich war ein außerordentlich fröhliches und humorvolles Kind, daneben aber auch sehr stolz, gefährlich stolz, wie meine Mutter meinte. Gewisse Dinge durfte man mir nicht sagen, weil sie diesen Stolz verletzten. Wenn ich verletzt war, zog ich mich zurück und sprach nicht mehr. Das ist bis heute so.

Ein Bewohner des Dorfes musste nach Kairo zum Arzt, weil er im Dorf nicht behandelt werden konnte. Nun erkundigte ich mich, wie viel das kostete, um Geld für seinen Arztbesuch und den Krankenhausaufenthalt zu organisieren. Ich selbst hatte bis dahin kaum eine Beziehung zum Geld. Manchmal griff ich auf selbst Gespartes zurück. Es hatte sich aber auch herumgesprochen, was ich mit meinem Geld tat. Eine der fünf Grundsäulen des Islam ist das Almosengeben, Zakat genannt. So kamen meine Verwandten und brachten mir ihre Almosengelder, damit ich sie an die Bedürftigen weitergab. Mit diesem Geld ging ich sehr verantwortungsvoll um und führte Buch darüber, was ich von wem erhalten und an wen weitergegeben hatte. Von Kindheit an erhielt ich deshalb zu meinem Vornamen Beinamen wie Ibrahim Effendi oder Ibrahim Bey, die Respekt ausdrückten, den die Menschen mir gegenüber empfanden.

Jugendjahre in Ägypten

Die Jahre 1952 bis 1956 waren für die politische Zukunft Ägyptens von großer Bedeutung und von Unruhen in der Bevölkerung sowie zahlreichen Demonstrationen in den Straßen von Kairo begleitet. 1952 stürzten oppositionelle Offiziere den ägyptischen König Faruk. Ein Jahr später wurde die Republik ausgerufen und 1954 wurde Oberst Abdel Nasser Staatspräsident. Die junge Republik blieb aber unter starkem Einfluss der Briten, die ihre Truppen beiderseits des Suezkanals konzentriert hatten. Im gleichen Jahr erreichte Nasser die vertragliche Zusicherung Großbritanniens, sich vom Suezkanal und damit aus ganz Ägypten zurückzuziehen, was aber erst 1956 wirklich geschah. Bis dahin wehrten sich die Ägypter gegen die zunehmende Korruption und die Ungerechtigkeiten seitens der britischen Herrscher. Diese politisch unruhige Zeit erlebte ich in Kairo hautnah mit, hörte vom Zusammenprall der ägyptischen Polizei mit dem englischen Militär, als hundert Polizisten am Suezkanal erschossen wurden und die Menschen anschließend empört auf die Straße gingen. 1952 brannte Kairo, weil aus Protest viele ausländische und insbesondere britische Geschäfte angezündet wurden. Die Schüler der Oberstufen bekamen schulfrei, um an den Demonstrationen teilnehmen zu können.

Mit zwei, drei engeren Freunden verbanden mich soziale und kulturelle Interessen und eine Begeisterung für sportliche Betätigungen. Wenn also die Schule ausfiel, gingen wir an den Nil zum Rudern. Mit diesen Freunden unternahm ich auch viele Reisen mit dem Fahrrad, die mich durch ganz Ägypten führten. Dabei lernte ich mein Land intensiv kennen. Wenn es nur irgendein freies Wochenende gab, fuhren wir nach El Faiyum, Port Said oder Alexandria. Einmal organisierte ich für fünf Jugendliche eine Tour nach Faiyum. Es muss in den Ferien gewesen sein. Zuvor hatte ich die Reise sorgfältig vorbereitet. Wir wollten einen Tag hinfahren, am anderen alles ansehen, in der Jugendherberge schlafen und dann zurückkehren. Es wurde ein herrlicher Tag, denn die Oase El Faiyum ist ein Traum. Am Jussufkanal, der vom Nil zum Karunsee führt, sahen wir uns die gewaltigen Wasserräder an. Unter hohen Dattelpalmen fuhren wir kilometerlang durch Baumwoll- und Zuckerrohrfelder, wobei wir den als Labyrinth gestalteten Totentempel von Amenemhet III. besichtigten. Mit diesen Freunden konnte ich auch meinen kulturellen Interessen für Altägypten nachgehen, denn wir waren uns sehr ähnlich: Wir rauchten und tranken nicht und saßen nie in den Kaffeehäusern. – Auf der Rückfahrt gerieten wir mit unseren Fahrrädern in einen fürchterlichen Sandsturm. Wir breiteten unsere Decken aus, hielten sie am Lenker fest und der Sturm schob uns mit rasender Geschwindigkeit die Straße entlang. Plötzlich hörten wir einen Schrei. Sofort bremste ich. Einer der Freunde war gestürzt und sein Fahrrad kaputt. Der Sand peitschte wie feine Nadelstiche gegen die nackten Arme und Beine und die Augen brannten. Da die anderen schon vorgefahren waren, ließ ich ihn auf meiner Fahrradstange vor mir sitzen, hielt mit einer Hand sein Fahrrad fest, mit der anderen lenkte ich mein eigenes. Heute noch erzählt mir mein Freund, wie er auf dieser halsbrecherischen Fahrt gezittert hat.

Es gab viele ähnliche Erlebnisse, die mich über meine Kräfte hinaus forderten. Immer waren es Herausforderungen, die ich mir selbst wählte. Die Erprobung von Willenskraft und Ausdauer verdanke ich dem Rudern auf dem Nil. Im Sinai erstieg ich die schneebedeckten Berge. Zwar wollte ich diese Berge kennen lernen, betrachtete die Touren aber auch als Gratwanderungen auf der Suche nach Grenzerlebnissen.

In meiner Verwandtschaft gab es Persönlichkeiten, die sehr viel Einfluss auf mich hatten. Zum einen war das mein Vater durch sein Geschäft, dann meine Mutter und Großmutter, aber auch drei Onkel prägten mich: Onkel Kamel, der Bruder meiner Mutter, führte ein Transportunternehmen und nahm mich in weit entfernt liegende Gegenden und Dörfer mit. Durch ihn lernte ich Menschen kennen, die ganz anders sprachen, sich anders kleideten und ernährten als in Kairo. Onkel Mohammed, der Bruder meines Vaters, ein außerordentlich fröhlicher Mensch, war durch eine Erbschaft reich geworden, hatte daraus aber nie etwas gemacht. Sieben oder acht Mal hatte er geheiratet und hielt sich gern in den Opernhäusern und Theatern auf. In Kairo gab es damals Straßen voller Kunst und Kunsthandwerk. Wir schlenderten diese Gassen genießerisch hinauf und hinab und er fragte mich: »Gefällt dir das? Sieh mal, diese Frau, wie schön sie ist! Wie anmutig sie sich bewegt!« Manchmal kritisierte er auch, was ihm nicht gefiel, und er erschloss mir durch seinen Blick und seine Urteile ein neues Lebensgebiet. Später entdeckte ich, dass er nicht unbedingt Geschmack hatte, aber für mich bewirkte er, dass ich mich für Musik und Theater zu interessieren begann.

Ein weiterer Onkel, der ebenfalls Mohammed hieß, war Hochschulprofessor und besaß eine Bibliothek in seinem Hause. Ihm begegnete ich mit großer Achtung und wagte nicht, mit ihm so frei zu sprechen wie mit den anderen. Sein Haus betrat ich voller Ehrfurcht. Er stellte mir hoch geistige Fragen, bei denen ich mir meine Antworten gut überlegte, um keinen Unsinn zu reden. Zu diesem Onkel kamen Freunde, die mit ihm Gespräche über philosophische, religiöse und historische Themen führten. Sie unterhielten sich dabei in einer gewählten, hocharabischen Sprache. Ich saß etwas abseits, verfolgte staunend ihre Gelehrsamkeit und bewunderte, was diese Menschen für Gedanken fassen konnten. Keiner meiner Freunde konnte verstehen, warum es mich dorthin zog und wie ich diese endlosen Dialoge aushielt, denn andere Familienmitglieder mieden diesen Gelehrtenkreis und schimpften sogar über das »Geschwafel«, das mich faszinierte.

Aus seiner Bibliothek gab er mir hin und wieder ein Buch oder ich durfte mir eins aussuchen. Dabei stieß ich eines Tages auf ein Werk mit dem Titel »Die Leiden des jungen Werthers« auf Arabisch, das ich mir mitnehmen wollte. Meine Wahl begeisterte ihn nicht gerade. In mir aber löste die Lektüre starke Seelenregungen aus. Ich war zu Tränen gerührt und stark ergriffen. Das hatte seinen Grund nicht in der Lektüre allein: Ich war zu dieser Zeit über beide Ohren verliebt in Awatef, die Tochter einer Nachbarin. Awatef hatte eine wunderschöne Stimme und schrieb Gedichte. Wenn sie ihre Verse vortrug, sog ich jeden Laut, den Tonfall ihrer Stimme, jede Bewegung ihrer Augen und Hände tief in mich ein. Nach den Treffen mit ihr lag ich lange mit klopfendem Herzen in meinem Zimmer und versuchte durch eigene Gedichte, meine Liebe auszudrücken. Awatef war zwei Jahre älter als ich. Da es in Ägypten nicht als schicklich gilt, sich in eine ältere Frau zu verlieben, behielt ich mein Geheimnis für mich. Ich glaube aber, dass meine Mutter wusste, wie sehr ich dieses Mädchen verehrte. Deshalb lud sie die Nachbarin immer wieder mit Awatef zu uns ein. Dann saßen wir beim Tee und sie erzählte etwas. Es war der Himmel auf Erden! Wenn ich sie eine Woche lang nicht gesehen hatte, veranstaltete ich alles Mögliche, damit entweder ihre Mutter uns einlud oder meine Mutter sie. Awatef begann zwei Jahre eher mit ihrem Studium als ich und wählte Naturwissenschaften. Ich war richtig eifersüchtig, dass sie etwas tat, was ich noch nicht durfte.

Einmal hatte mein Vater Besuch aus Deutschland, ein hochgewachsener älterer Herr. Goethe wird auf arabisch »Gota« ausgesprochen, weil es in der arabi-

Großvater väterlicherseits, mit Onkel Essat, um 1950

schen Sprache keine Umlaute gibt. Ich sprach ihn an und erzählte, was ich von diesem Dichter gelesen hatte. Überrascht rief er aus: »Das ist Goethe! Goethe heißt das!« Von ihm lernte ich nun, diesen Umlaut auszusprechen. Der gebildete Herr berichtete auch von Schiller und seiner Freundschaft mit Goethe. Begierig lauschte ich seinen Worten und wollte nach diesem Treffen unbedingt dieses Volk mit seinen Dichtern näher kennen lernen. Anderes, was ich über dieses Land und über Europa auffing, verstärkte meine Sehnsucht nach der europäischen Kultur. Kunst und Wissenschaft, das Wirtschaftsleben, die Rechte der Bürger und ihre Möglichkeiten – alles das bewunderte ich zutiefst. In Filmen hatte ich außerdem Ausschnitte der Landschaften Europas gesehen, die herrlich auf mich wirkten.

Je näher das Abitur rückte, desto ernsthafter beschäftigte ich mich mit dem Gedanken, zum Studium nach Deutschland zu gehen. Ich sprach mit meinem Vater darüber, ob er diesen Wunsch unterstützen würde, doch er lehnte vehement ab. Jedes Mal, wenn ich kam, wurde er ungehalten. Einmal hörte ich ihn mit meinem Onkel über diesen Jungen sprechen, der es nicht lassen wollte, in einem fremden Land zu studieren; ich wüsste gar nicht, dass er für seine Fabrik einen Nachfolger brauchte und dass man dazu keine universitäre Ausbildung benötigte. Ich sei verlässlich und tüchtig und dürfe ihn nicht verlassen, so meinte er. Mit meinem Vater konnte ich also nicht rechnen.

Meiner Mutter kamen immer wieder Tränen, wenn ich dieses Thema berührte. »Das Land, wo du hin willst, ist so weit weg, Ibrahim; wie lange kann ich dich dann nicht sehen – und was würde aus Vater und dem Betrieb werden? Bitte, tu mir das nicht an. Denk nicht mehr daran!« Ich kam trotzdem immer wieder auf das Thema zurück, denn ich wollte sie nicht betrüben, sondern hoffte, sie würde mich verstehen, wenn ich ging – denn tief in meiner Seele war der Entschluss bereits gefasst. Einige Male sagte sie, dass sie sich darüber freue, dass ich täte, was ich wirklich wollte. Das bestärkte mich. Dann wieder bat sie mich inständig, es nicht zu tun. Meinem Herzen fiel es schwer, Ägypten zu verlassen. Es waren erste Übungen für mein Herz, nicht an etwas zu klammern. Vielleicht ahnte ich bereits, dass noch ganz anderes kommen würde!

Ich hatte Geld gespart, das für eine einfache Hinfahrt reichen würde, und hoffte im Stillen, wenn ich erst einmal in Deutschland wäre, würden meine Eltern mir weiteres nachschicken. In Bezug auf das Familienverständnis, wie es in arabischen Ländern immer noch herrscht und wonach der Vater als Oberhaupt die Geschicke aller Familienmitglieder führt, war mein Vorgehen ungeheuer gewagt. Meiner Mutter drückte ich durch mein Fortgehen eine doppelte Last auf. Ich schulde ihr im Nachhinein innigsten Dank, da sie meinen Vater durch ihre Sanftmut tatsächlich umstimmen konnte und mir dadurch die Wege ebnete, die ich von meinem Schicksal her zu gehen gewillt war.

Abschied von Ägypten

Die Universitäten in Europa, die ich angeschrieben hatte, antworteten mir, dass ich kommen könnte. Jeder junge Mensch, der im Ausland studieren will, muss dies der Regierung melden und einen Pass beantragen. Bei einer Verwaltungsstelle sollte mein Vater Geld hinterlegen, das dann von dieser Stelle aus an mich ins Ausland weitergeleitet würde. Da ich noch nicht volljährig war, brauchte ich für alle Ausreiseformalitäten die Unterschrift des Vaters. Ohne sie würde es nicht gehen, aber wie sollte ich sie bekommen? Wochenlang grübelte ich. Da sagte ein Beamter der Ausreisebehörde, der gesehen hatte, wie ich litt, beiläufig zu mir: »Das ist doch ganz einfach! Die Ausreisebehörde kennt doch die Unterschrift deines Vaters nicht!« Für mich war die Fälschung einer Unterschrift eine kriminelle Handlung. Drei Monate war ich verzweifelt, bis ich den Mut fasste, seine Unterschrift nachzumachen. Die Beamten akzeptierten sie; eigentlich hätte mein Vater vor ihren Augen unterschreiben müssen.

Auf einem Behördengang war ich jemandem begegnet, den sein Vater einige Monate zuvor zum Studium nach Graz in Österreich geschickt hatte. Er erzählte mir, dass das Leben dort sehr schön sei, und gab mir seine Adresse. So kannte ich das Ziel, das ich allerdings erst einmal auf einer Karte suchen musste, denn ich wusste nicht, wo diese Stadt überhaupt liegt.

Mein Freund Shauky, der auch gern in Deutschland studiert hätte, begleitete mich nach Alexandria. Es war Winter und regnete. Frühmorgens, meine Mutter schlief noch, öffnete ich leise die Tür, gab ihr einen Kuss auf die Stirn und sagte: »Ich gehe jetzt!« und schlich mich aus dem Haus. Später schrieb sie mir, dass sie bei meinen Worten gedacht hätte, ich wollte nur in die Stadt. Wenn sie gewusst hätte, dass ich fortginge, hätte sie mich geküsst und gedrückt.

An meinen Vater richtete ich folgende Abschiedsworte, durch die ich hoffte, ihn wenigstens etwas für meinen Entschluss einzunehmen. Ich stand, als ich den Brief schrieb, mit meinen achtzehn Jahren in einer inneren Notsituation, mich gegen die Familienbande, die in der arabischen Welt immer noch viel enger sind als im Westen, ganz für meinen eigenen Weg zu entscheiden. Vielleicht ist daraus die Klarheit der Zukunftsvision zu verstehen, die aus diesen Zeilen spricht und die mir mein Vater 25 Jahre später wieder zeigte:

»Mein lieber Vater!
Der Friede und der Gruß seien mit Dir.
Wenn ich zurückkomme, wenn Gott es will, werde ich nach Mashtul gehen, zu dem Dorf, das ich immer geliebt habe und wo ich die schönsten Zeiten meiner Kindheit verbracht habe. Ich werde Fabriken aufbauen, worin viele Menschen arbeiten werden, Arbeiten, die anders sind als das, was sie von der Landwirtschaft gut kennen.
Und ich werde Werkstätten für Mädchen und Frauen bauen, wo sie Kleider und Teppiche und Haushaltsartikel und alles, was die Menschen sonst brauchen, erzeugen können. Ich weiß, dass dazu Verkehrs- und Kommunikationsmittel sehr wichtig sind.
So werde ich die Straße vom Bahnhof bis zum Dorf asphaltieren und rechts und links Zierbäume pflanzen. Dahinter werden die Telefonmasten stehen. Ich werde Geschäfte aufbauen, die alles, was die Menschen brauchen, verkaufen, sogar ein Casino, wie ein großer Markt, aber sehr ordentlich und sauber.
Auf deinem Grund werde ich ein großes Theater bauen, wo die großen Künstler die schönsten Darstellungen für die Bürger meines Dorfes geben werden.
In der Nähe der Hauptstraße, die nach Aesbet el Barkauwi und Minia el Kamah führt, werde ich ein Spital errichten, wo alle Spezialisten vertreten sind. In Dorfnähe werde ich ein kleines Viertel errichten, wo die Ärzte und deren Mitarbeiter und die Lehrer wohnen werden. Denn ich habe vor, Schulen zu bauen für die Kinder, vom Kindergarten an bis zur Oberschule.
Zu deiner Information: Mashtul hat Männer und Jugendliche, die auf einer höheren Stufe des Wissens stehen, zum Beispiel Dr. Schuman (Arzt), Ustaz Orabi (Anwalt),

Ustaz Afifi (Lehrer), Ustaz el Gohari (Scheich), Ustaz Umara (Ingenieur) und viele
andere, bei denen ich sicher bin, dass sie mit Begeisterung beim Aufbau helfen werden,
sodass dieses Dorf Mashtul ein leuchtendes Zentrum in Ägypten wird.
Friede sei mit Dir.«

In Alexandria kaufte ich für 30 Pfund eine Fahrkarte nach Neapel auf einem türkischen Schiff. Von dort wollte ich mit dem Zug nach Rom und weiter nach Graz.

Als sich das Schiff langsam vom Ufer entfernte, dachte ich: »Was hast du da gemacht!«, und mein Herz zerriss. Der Freund winkte vom Kai, das große Schiff glitt langsam auf das offene Meer hinaus und ich fühlte, je weiter es sich vom Land entfernte, in mir die Verbindung zu Mutter und Vater, zu allen Verwandten und Freunden und zu dem Land meiner Geburt schmerzhaft zerschneiden. Alles, was mir bekannt und vertraut war, gab ich auf für eine ungewisse Zukunft in einem Land, von dem ich nichts wusste und dessen Sprache ich nicht einmal beherrschte. Ich hatte auch nicht viel Geld dabei, nur eben für die Fahrt.

Schmerzvolle Tage durchlitt ich, bis ich mich mit den anderen Menschen auf dem Schiff anfreundete und allmählich ruhiger wurde.

In Rom bewunderte ich die Bauten und Kunstwerke. Dann ging es über Florenz und die Alpen nach Graz. Nördlich von Florenz begann es zu schneien. Da merkte ich erst, was Kälte war und wie unvorbereitet ich in meine Unternehmung ging. Ich kaufte einen Pullover, den die Italiener im Zug nach Graz anboten.

STUDIENJAHRE IN EUROPA

In Graz angekommen, suchte ich den Freund auf, der mir in Kairo seine Adresse gegeben hatte, und wurde begeistert von ihm empfangen. Er bemühte sich gleich um ein Zimmer für mich, das in einer sehr schönen Gegend etwas außerhalb der Stadt lag. Meine Vermieterin war Krankenschwester in England gewesen und konnte Englisch. Gleich schrieb ich meinen Eltern, dass ich angekommen sei, und vergaß nicht zu erwähnen, dass sie das Geld an die Verwaltungsstelle zahlen könnten. Aus Briefen meiner Mutter erfuhr ich, was sie durchlitten hatte, seit ich fort war. Und immer, wenn ich das las, flossen auch bei mir die Tränen. Trotzdem war sie diejenige, die das Geld zur Behörde brachte und alles für mich regelte.

In den nächsten Tagen entdeckte ich, wie viele Fakultäten es an der Universität gab. Natürlich wollte ich Naturwissenschaften studieren. Wenn es nach mir gegangen wäre, hätte ich Medizin gewählt, aber das konnte ich meinem Vater nicht antun. Es musste in seinen Augen etwas »Vernünftiges« sein, etwas, das er in seinem Betrieb einsetzen konnte. Und ich wollte ihm dabei ja auch entgegen kommen. Deshalb stellte ich meinen eigenen Berufswunsch vorerst zurück.

Ich kam in Kontakt mit dem Club ausländischer Studenten. Als sie erfuhren, dass ich kein Wort Deutsch konnte – ich besaß nur ein Handbuch mit dem Titel: »Teach yourself german« – drängten sie mich, erst einmal Deutsch zu lernen. Die Studenten im Club waren überwiegend Kinder reicher Eltern mit viel Geld, die sich mit Kartenspielen, Rauchen und Mädchen die Zeit vertrieben. Zielstrebig begann ich mit dem Erlernen der fremden Sprache nach einem eigenen Plan. Ein Mitstudent im Club, der nach fünf Semestern noch keine Prüfung gemacht hatte, forderte mich heraus und wir wetteten vor vielen Zeugen, dass ich mit dem Studium eher fertig sein würde als er. Dabei erfuhr ich seine Fachrichtung: Technische Chemie, von der ich das erste Mal hörte. Am nächsten Tag schrieb ich mich in diesem Fach ein. Aber das war kein Studium, es war ein Horror! Ich stand von morgens acht bis abends acht in den Laboratorien und studierte neben meinem Fachgebiet auch noch Physik, Mathematik, Kristallographie, Geologie und vieles mehr. Meine Kommilitonen brauchten durchweg acht bis neun Jahre für dieses Studium. Ich war nach drei Semestern soweit, dass ich die ausländischen Studenten unterrichten konnte, half ihnen beim Übersetzen und bereitete sie auf Prüfungen vor, die ich bereits absolviert hatte. An der Hochschule wurden zur damaligen Zeit keine offiziellen Prüfungen angesetzt, sondern jeder Student holte sich, wenn er sich vorbereitet hatte, seine Termine selbst bei seinen Professoren. Aber wer ging schon freiwillig in eine Prüfung! Alle schoben es vor sich her.

In der Zeit des Studienbeginns fuhr ich noch einmal kurz auf Wunsch meiner Mutter nach Hause, mit einem Schiff von Genua nach Alexandria und wurde mit offenen Armen empfangen.

FAMILIENGRÜNDUNG

Wenn ich manchmal spät abends vom Opernhaus nach Hause ging, wurde ich öfter von einem älteren Herrn begleitet, der einen Frack unter seinem Mantel und einen Hornkoffer in der Hand trug. Kajetan Erdinger war Professor für Horn an der Musikhochschule in Graz. Eines Tages lud er mich ein, seine Frau und seine drei Töchter kennen zu lernen, die mich alle freundlich aufnahmen. Frau Erdinger, die, obwohl sie aus Niederösterreich stammte, auf die Pflege der hochdeutschen Sprache sehr viel Wert legte, bemerkte mein gebrochenes

Deutsch und bot sich an, mir einige Sprachstunden zu geben. Kajetan Erdinger war ein sehr naturverbundener Mensch. An Wochenenden verabredeten wir uns zu längeren Ausflügen in die Wälder um Graz. Wir hatten beide einen Rucksack auf dem Rücken und wanderten schweigend nebeneinander durch die Stille. Er öffnete mir auf eine Weise, die es so in Ägypten nicht gab, die Augen für die Natur, den Sinn für ihre Zusammenhänge und ihre Rätsel.

Die älteste Tochter des Hauses hieß Gretel. Gudrun und Erika waren Zwillinge. Gudrun war ein schönes, lebendiges Mädchen mit starkem Willen und wuchs fast wie der Sohn des Vaters auf. Er nannte sie Gundel. Sie war damals 16 Jahre alt, von allen die aktivste und sozialste. Ich verliebte mich in sie. Vom Fenster meiner Studentenwohnung aus beobachtete ich oft, wie sie mit ihrer Zwillingsschwester die Straße hinab zum Bus ging. Ihr Gang ließ im Vergleich zu dem mehr schwebenden Schreiten ihrer Schwester eine starke, feste Persönlichkeit ahnen. Beide Schwestern besuchten das Lehrerinnenseminar der Ursulinen. Als wir uns näher kamen, besuchte sie mich öfter in meinem Labor und brachte mir manchmal ein belegtes Brötchen vorbei.

Einmal, im Sommer, durfte ich die Mutter und ihre drei Töchter auf eine Reise nach Niederösterreich begleiten, wunderbare Wochen in einer herrlichen Weinberglandschaft! Wir wanderten über grüne, blühende Wiesen, bestiegen Berge und besichtigten die schöne Kirche von Krems. Es wurde viel gelacht und auch gesungen, denn Frau Erdinger hatte als Chorsängerin eine wunderbare Stimme. Das ganze Haus Erdinger war erfüllt und durchklungen von Musik. Die Fröhlichkeit und Beschwingtheit, die in diesem Hause lebte, genoss ich in vollen Zügen.

Auf seinen Waldspaziergängen nahm Kajetan Erdinger öfter auch Gudrun mit. So kamen wir uns in unterschiedlichen Situationen immer näher. Ich erkannte in ihr die zuverlässige, starke Frau und wünschte mir nur eines: Dass sie mir ewig zur Seite stünde. Ende des Jahres hielt ich bei ihren Eltern um ihre Hand an. Beide schlugen daraufhin die Hände über dem Kopf zusammen. Als sie endlich zusagten, knüpften sie nur die Bedingung einer kirchlichen Trauung daran, denn sie waren Katholiken. Ich hatte nichts dagegen, wenn die Hochzeit nur möglichst bald stattfinden würde. Vor der Trauung führte ich mit dem Priester mehrere interessante Gespräche. Dieser außerordentlich fröhliche und unkomplizierte Mann war in seiner Glaubensrichtung überhaupt nicht fanatisch. Meinen ausdrücklichen Wunsch, Moslem zu bleiben, akzeptierte er, und benutzte die Gelegenheit der Gespräche mit mir, um sich über den Islam zu informieren. Auch ich erfuhr Wichtiges über den katholischen Glauben. Ich erinnere mich, dass wir während der Gespräche viel gelacht haben. Als ich beispielsweise meinte, dass unsere Kinder selbstverständlich Moslems werden würden, fragte er: »Und wer, meinen Sie, macht aus Ihren Kindern Moslems? Sie als Vater oder Ihre Frau, die doch vom Islam so gut wie gar nichts weiß? Sie wird sie zu Katholiken erziehen!«

Kajetan Erdinger   Margarete Erdinger

Im November gaben wir uns in Graz das Ja-Wort. Meine Eltern und Geschwister konnten leider an der Hochzeit nicht teilnehmen. Sie waren aber zuvor mehrmals aus Ägypten zu Besuch gekommen. Auch als später unsere Kinder
zur Welt kamen, ergaben sich immer zwischen den beiden so unterschiedlichen
Familien herzliche Begegnungen. Meine Eltern hatten mit meiner Entscheidung
keine Schwierigkeiten. Mein Vater schloss in seiner außerordentlich toleranten
Art Gudrun und später auch seine beiden Enkelkinder gleich in sein Herz.

Gudrun beendete das Lehrerinnenseminar und erwartete bald ein Kind. Als
unser Sohn Helmy im Eggenberger Sanatorium in Graz zur Welt kam, erreichte
mich die Nachricht kurz nach meiner Staatsprüfung, die am selben Tag statt-
fand. Ich eilte, ohne mich umzuziehen, voller Freude im schwarzen Anzug von
der Universität direkt in die Klinik und nahm meinen Sohn in den Arm. Ich
weiß noch, wie die Ärzte und Schwestern sich über mich lustig machten, weil
sie meinten, dass ich mich so würdig angezogen hätte, um meinen Sohn zu empfangen. Zwei Jahre später wurde unsere Tochter Mona geboren und auch sie
empfing ich im schwarzen Anzug, weil ich wieder direkt von einer Prüfung kam.
Danach war ich in dem Sanatorium als »ehrenvoller Vater« bekannt.

Gudrun erzog die Kinder mit viel Liebe und umsorgte sie Tag und Nacht.
Über mich beklagte sie sich oft, weil ich zu wenig Zeit für sie hatte und bis in

die Nächte mit meinen Studien beschäftigt war. Als Helmy vier und Mona zwei Jahre alt waren, fuhren wir mit dem Auto nach Athen und setzten von dort mit einer Fähre nach Alexandria über, um zum ersten Mal gemeinsam meine Familie in Ägypten zu besuchen. Wir wurden von allen herzlich empfangen.

Studentenzeit

Das Studienfach der Technischen Chemie besteht aus vielen verschiedenen Fächern, die jedes für sich ein ganzes Studium gewesen wären. Von diesen vielen Fächern gab es keines, das mich nicht interessiert hätte. Alles begeisterte mich. Ich hatte das Gefühl: Der Professor weiß so viel, wovon ich erst einen Bruchteil erfahren habe – wenn ich nur erst so viel wüsste wie er! Wenn ich einen Assistenten fragte, kam eine solche Fülle an Wissen als Antwort zurück, dass ich wie überwältigt davor stand und dachte: Wenn ich nur so viel wüsste wie der Assistent! Das war für mich ein ständiger, starker Ansporn, mich weiterzubilden, mir durch Bücher das fehlende Wissen anzueignen und mit Hilfe meiner Aufzeichnungen aus den Vorlesungen die Stoffgebiete durchzuarbeiten. Ich begleitete die Vorträge so konzentriert, dass ich mich hinterher an jedes Wort des Professors erinnern konnte. Danach ging ich alles von Anfang bis Ende noch einmal durch. Was meinte er genau? Wie war der Gedankengang? – Ganz aus freien Stücken unterwarf ich mich so einer Denkschulung. Die gedanklichen Anstrengungen, die ich unternahm, wurden noch dadurch gesteigert, dass ich in einer fremden Sprache lernte, die ich erst kurze Zeit kannte, noch dazu Deutsch, die Sprache der berühmten Dichter und Denker. Ganze Hefte füllte ich mit dem, was ich lernte, um den roten Faden, die Idee nachvollziehen zu können, und wenn sie in mir aufleuchtete, war ich glücklich und zufrieden. Manchmal verstand ich die Probleme nicht auf Anhieb, sondern musste mit ihnen ringen und trug oft tagelang eine Frage mit mir herum. Deshalb würde ich mich als einen eher langsamen Menschen bezeichnen.

An meinen Kommilitonen, denen ich Unterricht gab, erlebte ich hingegen, dass sie einen ganz anderen Zugang im Erfassen des Stoffes hatten. Ihnen fiel das wirkliche Begreifen außerordentlich schwer und sie lernten deswegen vieles nur auswendig. Ich aber fragte mich, wie man ein Stoffgebiet auswendig lernen konnte, ohne es wirklich verstanden zu haben. Würde derart angeeignetes Wissen nicht schnell wieder vergessen werden und deshalb gar nicht praktisch anzuwenden sein? Nun versuchte ich den Studenten zu vermitteln, dass es hinter allem Einzelwissen eine Idee, ein Denken gibt. Aber sie winkten ab. Die Art und Weise, wie die deutschen Professoren vortrugen, schätzte ich sehr. Sie vermittelten ihre Inhalte so humorvoll und vollkommen realitätsbezogen, dass alles durchschaubar wurde und nichts im Nebulösen und Phantastischen verblieb. Für mich ein Genuss! Wenn ich jemandem von diesem Gefühl erzählen wollte, erklärte er mich für verrückt. Das sei doch kein Genuss, sondern eine Qual!

Von vielen Assistenten und Professoren wurde ich gefördert, weil ich durch meine Fragen zeigte, wie ich mich mit dem Wissen beschäftigte. Sie nahmen sich immer wieder Zeit, um mit mir die Gedankengänge durchzugehen. Was für eine Hilfsbereitschaft! Ich hätte sie alle dafür umarmen können. Viele Kommilitonen fanden den einen oder anderen Assistenten oder Professor arrogant. Ich erlebte im Gegenteil, dass ich die besten Assistenten und Professoren der Welt hatte! Wenn ich zu ihnen in die Prüfungen kam, wohl an die Hunderte, und sie mir eine Frage stellten, dann interessierte mich: »Was wollen sie mit dieser Frage?« In den Prüfungen baute ich immer eine menschliche Beziehung auf. Meine Zeugnisse waren sehr gut, oft mit Auszeichnung. Besonders ein Professor setzte sich für mich ein. Auf seine Empfehlung hin erhielt ich die österreichische Staatsbürgerschaft, eine Voraussetzung dafür, dass ich eine Assistentenstelle bekommen konnte.

Zu allen Räumen der Hochschule hatte ich mit einem Generalschlüssel Zugang. So konnte ich jederzeit in den Laboratorien die Versuche nacharbeiten, bis ich sie gedanklich durchdrungen hatte. Wenn ein Experiment schief ging, baute ich es wieder auf. Dadurch eignete ich mir eine große Fertigkeit im Umgang mit den Geräten und den chemischen Prozessen an. Oft ging ich erst weit nach Mitternacht nach Hause. Das Studium der Technischen Chemie beendete ich später mit einer Promotion über ein neues Verfahren in der Zellstoffherstellung, das in der österreichischen Papierindustrie Anwendung fand.

Das Studieren und Experimentieren liebte ich, sodass keine Zeit mehr für etwas anderes außer Musik, Kunst und Wandern blieb. Meine beiden Kinder wuchsen in dieser Zeit unter der liebevollen Sorge von Gudrun heran. Es gab keine schweren Krankheiten oder Katastrophen und sie erlebten eine schöne Kindheit in einer umhüllenden, geordneten Umgebung. Meine Frau musste sehr tapfer und selbstständig sein, denn sie sah mich nur selten. Sie meisterte alles, Haus und Schule, sodass ich mich ganz meiner Liebe zum Studieren widmen konnte. Ein Ausspruch von Helmy ist mir bis heute unvergesslich: Als er einmal gefragt wurde, wer ich sei, antwortete er: »Das ist der Mann, der mit uns am Sonntag isst!«

Und doch erinnere ich mich an manche wunderschönen Urlaubstage in den Semesterferien, die ich mit meiner Familie an der Adria verbrachte. Ich spielte gern mit meinen Kindern am Strand und suchte immer etwas Lustiges, das sie erfreute und ihnen und mir Spaß bereitete.

Nach meiner Promotion in Technischer Chemie war es eigentlich mein Ziel gewesen, nach Ägypten zurückzukehren, um meinem Vater bei der Weiterführung seiner Fabriken zu helfen. Während ich in Graz studierte, verfolgte ich immer wieder die politischen Umwälzungen in Ägypten mit. Präsident Nasser führte fortwährend Krieg. Er schickte seine Soldaten in den Jemen und nach Nordafrika, um die Menschen dort von ihren »bösen Königen« zu befreien, was ihm auch gelang. Afrika wurde durch Nasser verändert. In der Folge verließen viele Europäer den afrikanischen Kontinent und auch Ägypten. Nasser strebte eine sozialistische Umwälzung an, die verheerende soziale Folgen haben sollte. Für die Menschen in Ägypten waren die Landreformen, die Veränderungen, die sich aus dem Bau des Assuan Staudammes ergaben und die neuen sozialen Verhältnisse fast nicht zu ertragen. Auch meine Eltern bekamen dies zu spüren. Mein Vater wurde enteignet und erlitt einen enormen finanziellen Einbruch. Er hat es nur schwer verkraftet, dabei zusehen zu müssen, wie seine einst blühenden, mühsam aufgebauten Betriebe nach der Enteignung heruntergewirtschaftet wurden. Auch für mich persönlich war diese Entwicklung folgenschwer: Da es nun keine Fabrik mehr gab, an der ich mitarbeiten und die ich weiterentwickeln konnte, entschloss ich mich, in Graz zu bleiben.

Als Assistent gab ich den Medizinstudenten Chemieunterricht, denn für viele war dieses Fach eine Last. Da ich schon immer gern selber Medizin studiert hätte und es nur wegen meines Vaters unterlassen hatte, schrieb ich mich nun mit Unterstützung eines Professors in der medizinischen Fakultät ein. Ich assistierte in Biochemie, studierte Medizin und war durch meine chemischen Kenntnisse den Assistenten und Professoren eine willkommene Stütze. Meine Richtung in dem neuen Studienfach war nicht so sehr die klinische, sondern die pharmakologisch forschende. Trotzdem durchlief ich alle Praktika an verschiedenen Kliniken und übernahm auch Nachtdienste. Am Ende dieses Studiums in Pharmakologie promovierte ich mit einer Arbeit über die Schilddrüse.

Graz begegnete mir zu der Zeit, als ich dort studierte, als eine ganz besondere Universitätsstadt mit einer Musikhochschule, einer technischen Hochschule und einer Universität mit allen Fakultäten. Graz war eine richtige Studentenstadt. Es war auch eine Stadt voller Kultur, mit einem Opernhaus, mehreren Theatern und Museen und Kunstausstellungen, philosophischen Kreisen und Dichterlesungen. Hier erlebte ich eine der schönsten Zeiten meines Lebens. Ich wohnte in der Schillerstraße, deren Verlängerung die Goethestraße war – was für ein herrlicher Zufall! Natürlich interessierte mich Goethe weiter, hatten seine Werke mit den Anstoß dazu gegeben, zum Studium nach Deutschland gehen zu wollen. Doch die weitere Arbeit an der Literatur Goethes wurde für mich zunächst zu einer Enttäuschung. Es gab in Graz aber eine Goethe-Gesellschaft, die meine Rettung wurde. Dort beschäftigten sich die Teilnehmer gerade mit Goethes Faust. Die Abende begannen mit erklärenden Vorträgen zu einer bestimmten Szene des Goethedramas. Dadurch verstand ich die anschließende Rezitation besser und versöhnte mich wieder mit dem

Ibrahim Abouleish feiert mit seiner Familie seine Promotion, 1967

großen Dichter. In dieser Vereinigung lernte ich auch die Werke von Schiller und Herder kennen.

Ein Philosophiestudium hatte mich auch interessiert. Am Nachvollziehen der Gedankenentwicklung von der griechischen Zeit bis zur Moderne lernte ich, wie das Denken allmählich in der menschlichen Seele erwachte. Ich bewunderte die intelligenten Fragen, die die Philosophen wie Sokrates, Plato, Thomas von Aquin ihr Leben lang verfolgt hatten. Die Idee der Entwicklung als solche faszinierte mich und ich habe mich gern mit meinen Kommilitonen ausführlich gedanklich ausgetauscht, besonders mit einem Freund, der als »ewiger Student« und Versager im praktischen Leben galt. Aber es war ein Genuss, sich mit ihm zu unterhalten.

Während der Studienzeit in Graz ging noch etwas anderes in mir vor. Ich hatte begonnen, mich ganz in die europäische Kultur zu vertiefen, hatte die Musik kennen gelernt, Dichtkunst und Philosophie studiert. Wenn jemand damals in meiner Seele hätte lesen können, wäre ihm nichts »Ägyptisches« mehr begegnet, so sehr hatte ich alles Neue aufgesogen. Trotzdem fühlte ich mich von meiner Kindheit und Jugend her in den ägyptischen Traditionen verwurzelt. Ich lebte in zwei von mir als gegensätzlich erlebten Welten: Im geistigen Strom des Orients von Geburt her und in demjenigen Europas, dem ich mich wahlverwandt empfand. Nun erlebte ich zunehmend Augenblicke, in denen sich diese zwei Strömungen in meiner Seele verbanden und in denen ich weder Europäer, noch Ägypter war. Besonders gelang mir das im Erleben der Kunst. So begann ich beispielsweise, den wunderbaren »Messias« von Händel oder Mozarts »Requiem« mit muslimischen Ohren als Lob Allahs zu hören. Die beiden grundverschiedenen Kulturen begannen sich in mir in ihrer Gegensätzlichkeit aufzulösen und zu einem Neuen, Dritten zu verschmelzen, sodass ich weder ganz das eine noch das andere war. Ich konnte sowohl in der einen wie in der anderen Geistesart leben. Aber was ich erlebte, war keineswegs ein billiger Kompromiss, auch nicht nur Toleranz, sondern eine Synthese, ich glaube sogar sagen zu dürfen, eine Steigerung im Goetheschen Sinne, eine echte Vereinigung von zwei Kulturen in mir. Ich erlebte dies als herrliches Freiheitsgefühl und diese Augenblicke bedeuteten für mich höchstes Glück und größte Freude.

In Bezug auf meine Familie vermied ich es, zu sehr in eine europäische Form gepresst zu werden. Ich wollte Ägypter bleiben, obwohl ich mich zu den Ägyptern in Graz auch nicht recht zugehörig fühlte. Für mein Empfinden waren sie zu sehr Ägypter geblieben. Ich war ein »Dritter« geworden und dieser »Dritte« wollte ich bleiben – auch in meiner Religionszugehörigkeit. Von meiner Erziehung her war ich Moslem, trank keinen Alkohol, aß kein Schweinefleisch und führte auch in Europa regelmäßig meine Gebete weiter. In Graz lebte ich in einer streng katholischen Umgebung, aber es bereitete mir keine Schwierigkeiten, eine katholische Messe zu besuchen und die Religiosität dieses Glaubens tief mitzuerleben. Als der beschriebene »Dritte« konnte ich in beiden Religionen leben; es gab Augenblicke, da entdeckte ich überall in der europäischen Kultur Elemente wieder, die mir wie Verwirklichungen der islamischen Ideale erschienen. In meiner Kindheit war durch die Moralität der Koransprüche eine Art islamisches Gewissen entstanden, durch das ich mich vor vielen widrigen Einflüssen beschützt fühlte. Bei den Europäern erlebte ich nun, dass sie meine Andersartigkeit, auch in der Religionsausübung, akzeptierten. Vor meiner katholischen Trauung hatte ich ja dem Priester gegenüber ausgesprochen, dass ich Moslem bleiben würde. Aber eigentlich noch mehr – auch in der Religion wollte ich dieser »Dritte« sein, der in beidem lebt und sich zu einer übergeordneten Anschauung erhebt.

Begegnung mit Präsident Sadat

Kurz vor Ausbruch des ersten ägyptisch-israelischen Krieges hatte Nasser repräsentative Ägypter im Ausland durch die Botschaften zu einer Beratungskonferenz nach Alexandria einladen lassen. So kamen dort Ende der sechziger Jahre aus der ganzen Welt rund 500 Menschen zusammen. Ich hatte Österreich zu vertreten. Präsident Nasser, sein Stellvertreter Anwar el Sadat und viele hohe Minister bildeten das Präsidium an einem langen Konferenztisch. Da uns die Plätze nach dem Alphabet zugewiesen wurden, was für mich, wie ich bereits erzählt habe, »AAA« bedeutete, bekam ich einen der ersten Plätze, wie damals in der Schule. Aus meiner Jugendzeit in Ägypten kannte ich Sadat persönlich. Bevor ich Ägypten verließ, hatte er die islamische Jugendkonferenz geleitet, die mehr oder weniger ein Jugendclub war. Dort spielte ich Tischtennis und hin und wieder wurden Vorträge über den Islam gehalten. Sadat war unser Betreuer gewesen und wir waren uns mehrfach freundschaftlich begegnet. So hatten wir im Rahmen der islamischen Jugendkonferenz eine Woche lang gemeinsam China bereist und viel im Flugzeug miteinander gesprochen. 1966 war er in die Regierung gekommen und Nassers Stellvertreter geworden.

Auf dieser Beratungskonferenz stellte Nasser den im Ausland lebenden Ägyptern unter anderem die Frage, wie sich Ägypten Israel gegenüber verhalten sollte. Einer nach dem anderen erhob sich und sprach sich für einen Krieg gegen Israel und die Vertreibung der Juden aus. Ich verhielt mich still, bis ich von Nasser persönlich zu einer Stellungnahme aufgefordert wurde. Daraufhin sagte ich nach einer kurzen Einleitung: »Ich trete für Frieden mit Israel ein und halte allein schon den Gedanken an einen Krieg für schädlich. Er zerstört beide Länder und ihre Menschen.« Ein Tumult erhob sich im ganzen Raum. Alles rief durcheinander und ich hörte Worte wie »Verräter!« – Nasser beruhigte alle und forderte mich auf, weiter zu sprechen. Nun erzählte ich von einer Vision, die ich schon lange in mir bewegte: Wenn Israel und Ägypten Frieden halten würden, so sagte ich, dann könnten mit der Kraft und dem Geld, mit dem sonst Krieg geführt wird, eine funktionierende Wirtschaft und kulturelles Leben für beide Länder aufgebaut werden.

Sadat hatte mich die ganze Zeit über ruhig beobachtet. Als ich endete und aufblickte, sah ich ihm direkt in die Augen und wir erkannten uns wieder. Nach der Konferenz, auf dem Weg zum Fototermin, nahm mich Sadat auf die Seite, drückte mir die Hand und sagte: »Hervorragend, was du gesagt hast!« und nickte mir zu. Später auf der Treppe fragte mich Sadat, ob ich noch eine Woche bleiben könnte für ein Jugendtreffen, zu dem er mich als Sprecher einladen wollte. Wir tauschten unsere Gedanken aus und dabei fragte er mich, ob ich einer bestimmten Partei angehören würde. Ich verneinte. Später habe ich oft gegrübelt, woher diese Vision und mein Mut gekommen waren, sie so öffentlich auszusprechen. Dann fragte mich Sadat, was ich denn unter kulturellem Aufbau verstünde. Nun erzählte ich ihm von europäischen Opernhäusern, Universitäten, von Museen, Kunst und Philosophie, auch vom Leben der Wissenschaften und sagte: »Kämst du einmal nach München oder nach Wien, dann könntest du erleben, wie schön die Europäer ihr Leben gestalten. Aber das alles braucht viel Geld, und wir können es uns nicht leisten, es für Maschinengewehre und Waffen zu vergeuden.«

Sadat hörte mir aufmerksam zu, während alle anderen mir kindische Fragen stellten oder mich angriffen, weil ich Palästina den Juden überlassen wollte.

Ein Jahr später brach der Krieg aus, der für Ägypten zur Katastrophe wurde. Tausende von Menschen starben und Ägypten erlitt einschneidende Gebietsverluste. All dies bedeutete für viele einen entsetzlichen Schock und verhärtete die Fronten noch weiter. Nach dem Tod Nassers im Jahre 1970 setzte Sadat als Nachfolger und Staatspräsident zunächst dessen Politik fort. Im Jahr 1973 griff er zusammen mit Syrien Israel an, musste aber nach anfänglichen Erfolgen in einen Waffenstillstand einwilligen. Doch er hatte erreicht, was er wollte: Verhandlungen. Allmählich löste er die engen Verbindungen zur UdSSR und leitete eine Zusammenarbeit Ägyptens mit den westlichen Industriestaaten ein. 1976 kündigte er den ägyptisch-sowjetischen Freundschaftsvertrag. Mit seinem historischen Besuch in Jerusalem im Jahr 1977 leitete er eine Friedensinitiative gegenüber Israel ein, die 1979 gegen heftigen Widerstand Syriens, Libyens, Algeriens, des Irak und der PLO mit der Unterzeichnung eines ägyptisch-israelischen Friedensvertrages besiegelt wurde. Aufgrund des Friedensabkommens erhielt Ägypten die Halbinsel Sinai bis 1982 ganz zurück.

Sadat wurde bei einer Militärparade im Oktober 1981 von fanatischen Moslembrüdern ermordet, die nicht ertrugen, dass er Frieden und kulturellen Aufbau anstelle von Konfrontation wollte. Ich denke an diesen großartigen Politiker mit Hochachtung und in Verbundenheit zurück. Meiner Vision bin ich all die Jahre über treu geblieben. Auch weiterhin vertrete ich den Standpunkt, dass Krieg viel einfacher ist als Frieden. Im Frieden muss man zusammenarbeiten und sich zusammenfinden, um etwas Gutes zu tun. Sadats Nachfolger, Staatspräsident Mubarak, setzte diesen Kurs fort und ging hart gegen jede Art von Fanatismus und Terrorismus vor. Eine nachhaltige Lösung würde jedoch darin bestehen, den Menschen Bildung und Arbeit zu geben. Hier lag ein starkes Motiv für meine Rückkehr nach Ägypten.

BERUFSLEBEN

Nach meiner Promotion schlug mir mein Pharmakologie-Professor eine Hochschulkarriere vor. Eine Universitätslaufbahn hätte aber noch weitere Verpflichtungen zur Folge gehabt, nämlich die Zugehörigkeit zu einer Partei, die Mitgliedschaft in Vereinen oder die Pflege von Bekanntschaften auf Clubabenden. Auch sehr viel politisches Engagement wäre mit dieser Stellung verbunden gewesen, was mir gar nicht zusagte. So verließ ich die Universität ganz bewusst.

Ich wechselte als Forschungsleiter in die pharmazeutische Industrie und hatte das Gefühl, damit den wohl schönsten und reichsten Abschnitt meines Lebens zu verlassen. Während der folgenden Zeit in der Industrie musste ich in Bezug auf meine künstlerischen und philosophischen Interessen viele Abstriche machen. Die Menschen um mich herum waren größtenteils nur an Geld interessiert. Deshalb bedeutete der Eintritt ins berufliche Leben für mich eine herbe Enttäuschung. Wie oft habe ich diese Entscheidung bereut und wäre gern an die Universität zurückgekehrt, denn ich merkte, ohne etwas dagegen tun zu können, wie meine Seele verarmte.

Meine erste Anstellung erhielt ich in Lannach bei einem Heilmittelbetrieb, der von einem Arzt jüdischer Abstammung gegründet worden und in einem wunderschönen Schloss untergebracht war. Später wurde die Firma von einem neuen Geschäftsführer geleitet. Der Betrieb lief mit seinen zugelassenen Produkten gut, hatte aber seit Jahrzehnten die Entwicklung und Erforschung neuer Heilmittel vernachlässigt. Ich wurde als Forschungsleiter eingestellt und sollte diese Abteilung neu aufbauen. Man hatte mir ein äußerst lukratives Angebot gemacht, durch das ich später unter anderem auch am Umsatz der Firma beteiligt war. Ich erarbeitete nun Pläne für die Entwicklung innovativer Arzneimittel und stellte Anträge bei Forschungsförderungsfonds. Dadurch erhielt die Firma Gelder vom Staat, die ich verwalten musste. Nach drei Jahren wurde ich in den geschäftsführenden Kreis aufgenommen. Alles lief gut und ich konnte vieles verändern.

Aber ein noch größeres Arzneimittelunternehmen in St. Johann hatte mich schon lange umworben, bis ich 1972 mit meiner Familie dorthin umzog. Auch jetzt bekam ich die Aufgabe, die Forschungs- und Entwicklungsabteilung neu aufzubauen, und durchlief in kurzer Zeit eine steile Karriere. Ich übte das Verhandeln mit Fonds und Forschungszentren und trug meine Projekte so überzeugend vor, dass ich die nötigen Gelder immer bekam. Dem Staat und dem Betrieb gegenüber musste ich mit dem Budget verantwortungsvoll umgehen und baute einen großen Mitarbeiterstab auf. An Kliniken und Forschungsinstitute in der ganzen Welt vergab ich Projekte und Unteraufträge, besuchte Kongresse, auch in Amerika und Japan, pflegte Kontakte zu vielen deutschen und europäischen Universitäten und entwickelte neue Arzneimittel, vor allem auf dem Gebiet der Osteoporose und der Arteriosklerose. Dafür erhielt ich Patente, die auf meinen Namen lauteten.

In meiner Freizeit widmete ich mich meiner Familie. Wir hatten auf dem Land ein großes Haus mit Garten gekauft, gingen im Winter Skifahren und spielten das Jahr über Tennis. Mit einem Wort: Ich war ein sehr intellektueller, gestandener, erfolgreicher Mann geworden. Vor einem aber bewahrte ich mich stets: Das waren die Gelage an den vielen Clubabenden. Dagegen beschäftigte ich mich neben diesem bürgerlichen Dasein weiterhin mit philosophischen Fragen und studierte zum Beispiel die mehrbändige Kulturgeschichte von Durant und ging den Fragen der Entwicklung der Menschheit nach.

Ein Vortrag in St. Johann

Im Rahmen eines Städtedialoges in St. Johann wurde ich 1972 gefragt, ob ich als Ägypter zum Thema des israelisch-ägyptischen Konfliktes, der damals bei den Menschen große Betroffenheit ausgelöst hatte, etwas beitragen könnte. Gern sagte ich zu. In meinem Vortrag versuchte ich deutlich zu machen, was mich schon lange innerlich bewegte und was ich bereits Jahre zuvor an der ägyptischen Konferenz in Alexandria vor Nasser und Sadat ausgesprochen hatte. Ich sagte etwa: »Für Emotionen wie Nationalstolz, Rechthaberei und Gebietsansprüche lassen sich Menschen aufputschen und opfern, ohne zu überlegen, dafür ihr eigenes Leben und das vieler Frauen und Kinder aufs Spiel zu setzen. Die Berechtigung solch kriegerischen Vorgehens ließe sich jedoch nur von einem übergeordneten Gesichtspunkt aus betrachten, nämlich durch ein Denken, das Zusammenhänge überschauen kann. Diese Fähigkeit des überschauenden Denkens spreche ich vielen meiner Zeitgenossen im Vorderen Orient, auch den Politikern, ab. Die den Konflikten zugrunde liegenden gegenseitigen Probleme sind nicht durch Krieg zu lösen, sondern nur durch Bildung. Menschen müssen gebildet werden, damit sie erkennen, dass ihr Leben nicht ausschließlich an äußeren Werten hängt, und nicht daran, dieses oder jenes Stück Land zu besitzen. Sie müssen lernen, an sich selbst zu arbeiten und auch ihren Kindern die Möglichkeit dazu geben. Wenn Menschen nicht fähig sind, zu denken, wer denkt dann für sie? – Der Teufel, der sie reitet! Sowohl Nasser wie auch die Israelis handeln nicht aus übergeordneten Gesichtspunkten, nicht aus einem Denken heraus, sondern aus Emotionen. Solange aber aus bloßen Gefühlen gehandelt wird, irren die Menschen. Sie gehorchen teuflischen Inspirationen, die sie zu Krieg und Zerstörung anstiften. – Wenn Sie mich fragen, was ich an die Stelle setzen würde, dann vertrete ich: Alle Kraft, alles Geld in Schulen, in Bildung, in den Aufbau der Infrastruktur und die Schaffung von Arbeitsplätzen zu stecken und mit den Gegnern über Fragen des Kulturaustausches und der Forschung zu kommunizieren und nicht über das Thema, das entzweit. Lasst das, möchte ich ausrufen, entscheidet erst, wenn ihr reif dazu seid!«

In der vordersten Reihe saß eine würdige alte Dame, die mir schon während meiner Ausführungen durch ihr intensives Zuhören aufgefallen war. Nach meinem Beitrag war ich lange von Zuhörern umlagert, doch die alte Dame wartete, bis alle gegangen waren. Dann kam sie auf mich zu und fragte mich, ob ich die Anthroposophie kenne. Ich sah sie erstaunt an und schüttelte den Kopf. Sie fragte weiter, ob ich den Namen Rudolf Steiner schon einmal gehört hätte. Auch das verneinte ich. – »Haben Sie Interesse, davon etwas kennen zu lernen?« Als ich bejahte, lud sie mich zu sich nach Hause ein.

Martha Werth hatte in einem alten Haus zwei Zimmer, ein rotes und ein blaues, voller Bücher, und in der Mitte jedes Zimmers stand ein Flügel. Sie war Klavierlehrerin und erteilte noch einigen Privatschülern Unterricht. Bei meinem ersten Besuch schlug mir der herbe Duft von Rosmarin entgegen. An der Wand hingen seltsame Bilder, die ich noch nie gesehen hatte. Sie bat mich, Platz zu nehmen und holte aus dem Regal ein Buch. Es war »Die Philosophie der Freiheit«. Ich schlug die erste Seite auf und begann mit der Einführung. Ich las ihr eine Seite laut vor. Sie hörte konzentriert zu und sagte, nachdem ich geendet hatte: »Können Sie das jetzt wiedergeben?« – Warum nicht, und ich referierte ihr, was ich meinte gelesen zu haben. Als ich geendet hatte, sah sie mich sehr ernsthaft und erstaunt an und sagte sanft: »Aber, Herr Doktor, das steht doch gar nicht drinnen, was Sie da sagen!« Nun war ich irritiert. Ich hatte tatsächlich nur meine persönliche Interpretation des Textes wiedergegeben und nicht den Inhalt der Seite. Ihre Äußerung empfand ich als Kritik und Zurechtweisung. Das konnte ein gestandener, selbstbewusster Mann wie ich nicht einfach hinnehmen. Ich las also noch einmal, diesmal jedoch mit größter Aufmerksamkeit, jeden Satz mit Bewusstsein und Konzentration, und entdeckte dabei, dass ich eine enorme geistige Anstrengung aufbringen musste, um das Gelesene wirklich aufzufassen und wiederzugeben. Nach meinem zweiten Versuch war sie zufrieden. Ich fragte sie, wer das geschrieben habe, und sie zeigte mir ein Bild von Rudolf Steiner. Ich verabschiedete mich von diesem Höflichkeitsbesuch und dachte, als ich die Treppe herunterging: »Das war's – nie wieder!«

Aber die ganze Situation und auch der Text, den ich gelesen hatte, beschäftigten mich weiter. Die Dame hatte mir ihre Telefonnummer mitgegeben. Und zwei Tage später sah ich mich zum Telefon greifen, sie anrufen und um einen neuen Termin bitten. Strahlend empfing sie mich, ich saß auf demselben Stuhl und wieder gab sie mir die »Philosophie der Freiheit« zum Weiterlesen in die Hand. Nach jedem Abschnitt unterbrach sie mich und forderte mich auf, den Inhalt zu wiederholen. Ich ließ alles über mich ergehen – denn ich merkte, dass etwas mit mir geschah.

Von da an ging ich fast jeden zweiten Tag zu ihr. Sie selbst beteiligte sich nicht an der Übung, sondern ließ mich allein arbeiten, den Inhalt aufnehmen und mit eigenen Worten wiedergeben. In knapper Form stellte sie für mich diese Übung in einen Zusammenhang zum Gesamtwerk des Autors. Das entscheidende biographische Erlebnis lag für mich darin, dass ich durch diese enorme geistige Anstrengung begann, die Denktätigkeit als solche in mir zu erleben.

Dadurch wiederum lernte ich, die Dinge und Erlebnisse um mich wacher zu erfassen und straffer zu organisieren. Die Arbeit verwandelte mich innerlich und äußerlich, und ich gab mich diesem Geschehen hin, das wie eine Auferstehung in mir wirkte, wie ein Wiedererkennen von längst Vertrautem, das mich mit Begeisterung erfüllte. Alles nur verstandesmäßige, kluge Wissen in mir veränderte sich allmählich und rückte in ein anderes Licht, dies allerdings nicht so sehr aufgrund des Inhalts des Gelesenen als vielmehr durch die Qualität der geistigen Anstrengung. So entwickelte sich meine Liebe zu dieser spirituellen Geisteswissenschaft. Ich hatte das Gefühl, durch sie das Weltgeschehen an einem Zipfel erfasst zu haben, von dem aus sich mir der Mensch und die Natur in einem anderen Licht darstellen sollten.

Die alte Dame und ich wuchsen innerlich eng zusammen. Nach einiger Zeit bat ich sie, unseren Kindern Helmy und Mona Klavierunterricht zu geben. Helmy war damals 15 Jahre alt und fragte sie während dieser Stunden einmal, was sein Vater denn immer bei ihr mache. Als sie ihm darüber erzählte, wollte auch er dieses Buch kennen lernen. Da er mit seinen Fragen nicht lockerließ, arbeitete sie mit ihm nach den Klavierstunden auch geisteswissenschaftlich.

Indem ich mich tiefer in das Werk Rudolf Steiners einarbeitete, stieß ich auch auf seine Ausführungen zum Alten und Neuen Testament. Ich begegnete diesen spirituellen Darstellungen als Moslem und mich beeindruckte nicht so sehr der Inhalt der Ausführungen, als die Art, wie diese Themen durch eine solche Betrachtungsweise beleuchtet und vertieft wurden. Dabei entstand in mir der Wunsch, auch den Koran durch eine geisteswissenschaftliche Bearbeitung zu einem neuen, erweiternden Verständnis zu führen. Hier liegt der Keim, der Jahrzehnte später in meine Bemühungen um eine spirituell vertiefte Koraninterpretation mündete. Was heute, mit Abstand betrachtet, so selbstverständlich klingt, musste ich mir jedoch in inneren Seelenkämpfen, in denen ich mein Verhältnis zum Christentum und zur europäischen Kultur täglich neu betrachtete, schrittweise erringen.

Nach dem Studium der »Philosophie der Freiheit« folgten weitere grundlegende philosophische Schriften dieses Autors, die Martha Werth immer auf die gleiche Art, durch Lesen und Wiedergeben des Gelesenen, mit mir durcharbeitete. Mein philosophisches Interesse wurde neu genährt und impulsiert. Aber es geschah noch mehr: Unbemerkt ging durch diese intensive gedankliche Anstrengung eine Verwandlung in meiner Seele vor. Nur dadurch kann ich mir nachträglich die Wirkung erklären, die die gemeinsame Reise nach Ägypten mit ihr und meiner Familie auf mich ausübte, die wir alsbald unternehmen sollten.

Aufbruch im Dienste einer Vision

Eine Reise nach Ägypten

»Möchtet ihr mich nicht einmal auf eine Reise durch Ägypten begleiten?«, fragte uns eines Tages Martha Werth. Sie wollte wissen, ob ich mich schon mit der altägyptischen Kultur beschäftigt hätte. Tatsächlich hatte ich während meiner Vorbereitungszeit auf das Abitur für ein Jahr in der Nähe von Gizeh gewohnt und von meinem Fenster aus das Panorama der Pyramiden täglich vor mir gehabt. Die Kunstwerke der altägyptischen Kultur schätzte ich sehr. Nun bat uns Martha Werth also, mit ihr zusammen Ägypten zu bereisen, und wir bereiteten uns auf das große Ereignis vor.

Während meiner Jahre in Europa war ich auf Wunsch meiner Mutter wiederholt in Ägypten gewesen. Nie aber habe ich dabei die Begegnungen mit meiner Heimat so eindrücklich erlebt wie auf der nun folgenden Reise mit Martha Werth, die zu einem Aufbruch für mich werden sollte.

Unser Aufenthalt im Jahr 1975 begann mit dem Besuch vieler bekannter alt-ägyptischer Heiligtümer in Assuan, Luxor, Karnak und dem Tal der Könige. Noch heute sehe ich im Geiste Martha Werth mit ihren energischen Schritten und einem roten Sonnenschirm uns allen vorangehen, einen Reiseführer unter dem Arm. Durch ihre Erläuterungen vertiefte sich mein Blick für die Bauten und Kunstwerke. Ich betrachtete sie mit neuen Augen. Sie begeisterte mich wieder für die altägyptische Kunst und Mythologie.

Aber nicht nur das alte Ägypten sah ich mit neuem Blick. Durch Besuche bei meinen Verwandten und Freunden, besonders eines mir bekannten Journalisten, tauchte ich wieder in das alltägliche Leben Ägyptens ein. Mir wurden, auch aufgrund des großen zeitlichen Abstands, der seit meinem Verlassen des Landes im Alter von 19 Jahren entstanden war, die gewaltigen Veränderungen bewusst, die während meines Aufenthaltes in Österreich über Ägypten hereingebrochen waren. Mein Freund stellte mich einigen Ministern vor und wir sprachen über die Änderungen, die mir auch schon in den Wochen zuvor aufgefallen waren: Einer der Minister meinte: »Ägypten ist in den zwanziger und dreißiger Jahren unseres Jahrhunderts ein reiches Land gewesen. Das ägyptische Pfund war genauso stark wie das Sterling Pound. Es gab zwar Arme und Reiche, aber die Reichen sorgten noch für die Armen. Eigenschaften wie Mitmenschlichkeit, Tapferkeit und eine tief moralische Haltung gegenüber Mensch und Tier zeichneten das ägyptische Volk besonders aus. Ägypten war wegen der geringen Einwohnerzahl von 18 Millionen Menschen ein schönes Land und Kairo eine blühende Stadt.« – »Ich weiß noch, dass die Straßen täglich gereinigt wurden«, ergänzte ein anderer. »Alles war sauber und gepflegt. Darum kümmerten sich besonders die Europäer, denn Kairo war eine multikulturelle Stadt mit vielen europäischen Unternehmen.« – »Das einzig Unangenehme in unseren Augen war die ungerechte Behandlung durch die Engländer. Aber wir konnten uns immerhin mit einem Mehrparteien-Parlament selbst regieren«, sagte mein Freund. »Das war vor zwanzig Jahren«, rief ich aus. »In dieser kurzen Zeit der Präsidentschaft Nassers hat sich Ägypten völlig verändert. Das einst gesunde, fröhliche Volk erscheint mir tief versunken in einer Depression. Die Städte sind schmutzig, überall sieht man schreckliche Müllhalden...« – »Ja, wir haben eine miserable Gesundheitspolitik, bei der viel zu wenig für die Behandlung von Krankheiten ausgegeben wird, und die Menschen siechen dahin«, ergänzte mein Freund. »Auch sind völlig neuartige Erkrankungen aufgetreten, bei denen ich früher dachte, dass es sie hier in diesem Land nicht geben würde, weil sich die Menschen gesund ernährten, keinen Stress kannten und nicht rauchten. Jetzt erlebe ich das Gegenteil! Dazu kommen Magen-, Darm- und parasitäre Erkrankungen wegen der mangelnden Hygiene.« – In diesen Gesprächen mit den Ministern zeichnete sich mir ein düsteres Bild.

Unter der Regierung Nassers waren alle Unternehmen verstaatlicht worden, sogar die Restaurants. Einst blühende Betriebe arbeiteten seitdem defizitär, die meisten Menschen gingen ohne innere Motivation einer ungeliebten Beschäftigung nach und viele mussten sich private Nebenverdienste suchen. Das soziale Ganze fiel immer mehr auseinander und ein großes Elend war die Folge.

Was sich mir in der Landwirtschaft darstellte, erlebte ich als Katastrophe. Vom Staat wurde den Bauern eine bestimmte Menge Kunstdünger, die sie pro Hektar ausbringen mussten, aufgezwungen. Der übermäßige und unkontrollierte Einsatz des Düngers führte zur Versalzung und Verdichtung der Böden und nicht zuletzt auch zur finanziellen Abhängigkeit der Landwirte, die das teure Produkt abnehmen mussten. Durch die Erbgesetze des Landes, die eine gleichmäßige Aufteilung vorschrieben, wurden außerdem die Grundstücke immer kleiner, sodass ein Bauer von dem Ertrag seines Landes immer weniger leben konnte. Dazu kamen die verheerenden Pestizidspritzungen über den Baumwollfeldern. Der Assuan-Staudamm, der 1961 mit sowjetischer Hilfe fertiggestellt worden war, hatte für Ägyptens Landwirtschaft ebenfalls verheerende Folgen. Seitdem gab es keine pulsierende Mitte mehr mit den alljährlichen Überschwemmungen im Sommer, die den fruchtbaren Nilschlamm auf die Felder trugen. Ein gleichbleibendes Bewässerungssystem machte das stehende Wasser in den Kanälen zum Nährboden gefährlicher Krankheitserreger. Die Hoffnung, durch die gleichmäßige Bewässerung mehr Land gewinnen zu können, hatte sich nicht erfüllt. Natürlich konnte durch den Staudamm Strom erzeugt werden, der aber im Wesentlichen für die teure Herstellung von Kunstdünger verwendet wurde.

Mit dem Journalisten fuhr ich übers Land und besah mir die Schulen. Auch da zeigte sich mir ein hoffnungsloses Bild. Es gab nicht genügend Lehrer, die Klassen waren mit zum Teil über siebzig Schülern völlig überfüllt. Der Staat kümmerte sich nicht um die Probleme, die daraus erwuchsen, sondern war mit Krieg beschäftigt. So kam es zu einer Zunahme des Analphabetentums. Mehr als 40 Prozent der Kinder gingen überhaupt nicht zur Schule, weil sie durch ihre Arbeit zum Lebensunterhalt der Familie beitragen mussten. Diejenigen, die eine Schule besuchen konnten, erfuhren den Lehrstoff in Form von sturem Auswendiglernen anstelle

Ibrahim Abouleish auf der Reise nach Oberägypten mit Martha Werth, 1975

von menschenbildenden, kreativ-künstlerischen Tätigkeiten – eine Pädagogik also, die noch weiter in die Misere führen musste.

»Ich sehe voraus, was kommen wird, wenn es so weitergeht«, sagte ich zu meinem Freund, dem Journalisten. »Die Menschen verlassen ihre Farmen und ziehen in die Stadt, wo sie sich selbst überlassen sind. Denn wo sollen sie sonst arbeiten und wohnen? Schon jetzt beginnen sie sich in der Totenstadt, dem ehemaligen Friedhofsgelände Kairos, niederzulassen. Ist es nicht schrecklich und unwürdig, dort zu hausen? Das Schlimmste in den Städten aber ist der viele Müll und der wachsende Anteil der Slumgebiete!« Mein Freund bestätigte, dass es selbst der gebildeten Bevölkerung an Ideen fehle, wie es mit dem Land weitergehen sollte. Die Regierung hätte in seinen Augen schon längst versagt.

Durch meine Besuche der Moscheen des Landes wurde ich noch auf ein weiteres Problem aufmerksam. In Kairo gibt es die älteste Universität des Landes: die Al Azhar Universität, wo seit Jahrhunderten an religionsphilosophischen Fragen des Islam geforscht wird. Trotzdem fehlten mir die Auswirkungen all dieser geistigen Bemühungen auf das praktische Leben. Das Verständnis des alltäglichen Lebens ist im Islam stark konservativ; immer noch wird in vielen Lebensbereichen als Orientierung das angeführt, was der Prophet zu seiner

Zeit, im 7. Jahrhundert, angegeben hat. Damals gab es natürlich noch keine Industrie und kein Wirtschaftsleben, wie wir es heute aufgrund der Technisierung haben. Auch die Gesetze und die Rechtsprechung wurden zum Teil aus Europa übernommen oder aber wie in der Scharia einfach tradiert und nicht aus dem hiesigen Kulturkreis heraus für die islamische Bevölkerung weiterentwickelt. Meine Diskussionen mit Wissenschaftlern über mögliche Veränderungen blieben oberflächlich.

Die einzelnen Menschen erlebte ich in ihrem religiösen Leben als fromm. Viele hielten die Gebetszeiten ein und besuchten regelmäßig die Moscheen. Islam heißt ja übersetzt: Gottergebenheit, und sie ist tief im islamisch-arabischen Lebensgefühl verankert: gelebte Gottvertrautheit, aus der heraus sich der Moslem mit allem an Allah, den Allmächtigen, wendet. Doch ich stand immer wieder erschüttert vor der Spaltung des inneren, religiös empfindenden Menschen einerseits, der aus sich und seiner Religion heraus nie dem Boden, den Pflanzen, den Tieren oder seinen Mitmenschen schaden würde – und dem handelnden Menschen andererseits, der in seiner Arbeitswelt steht. Dort erlebte ich den Moslem nicht wahrhaftig an die Inhalte seiner Religion anknüpfend, sondern aus egoistisch-triebhaften Motiven heraus handelnd. Die Menschen gehen beispielsweise mit dem Boden oder dem Geld um, als wenn es ihnen für Ewigkeiten gehören würde. Sie halten an allen irdischen Gütern fest, ja selbst ihre Kinder behandeln sie, als wenn sie ihr Eigentum wären. In Gesprächen wirken sie oft rechthaberisch, machen große Worte, denen aber selten die rechten Taten folgen. So bleibt die tief erlebte Religiosität meist auf den eigenen, privaten Bereich beschränkt und strahlt nicht ins praktische Leben aus.

Beide Erlebnisse, die mangelnde Innovation im Rechts- und Wirtschaftsleben und die auf die Privatsphäre beschränkte Religiosität führten bei mir zu dem Eindruck, dass sich der Islam und seine Menschen in einer Stagnation, in einer tiefen Krise befanden. Erschüttert stand ich vor dem Gegensatz der Größe, Weisheit und Erhabenheit, die Jahrtausende zuvor im Pharaonenreich gelebt hatten, und dem, was ich im modernen Ägypten vorfand. Abends, nach den Museumsbesuchen, besprach ich meine Erlebnisse mit Martha Werth. Sie spürte meine Erregung, hörte sich meine Fragen aufmerksam an und sagte dann: »Was willst du machen? Das ist eben Schicksal! Wo soll man da anfangen?« Immer wieder verglich ich innerlich die Bilder des Landes, das ich aus meiner Kindheit und Jugend her kannte, mit dem, was ich jetzt vorgefunden hatte. Dabei stellte ich erschrocken fest, dass das Alte oft viel besser abschnitt als das Neue – dabei hätte bei einem zukunftsorientierten Leben das Neue schöner als das Alte sein müssen. Hier war es anders – in zwanzig Jahren welch ein Abstieg!

DAS HERZ VERSUCHT ZU VERSTEHEN

Auf der Rückreise im Flugzeug dankte ich Allah, dass ich jetzt nicht in Ägypten, sondern in dem schönen Österreich mit meiner Frau und zwei Kindern lebte und auf eine erfolgreiche Karriere blicken konnte. Trotzdem spürte ich, dass die Bilder und Begegnungen mich nicht losließen. Jedes Mal in der Frühe erwachte ich von neuem mit meinen Erlebnissen und merkte, wie mir die Ereignisse dieser Reise nachgingen und mich verwandelten. Ich beschaffte mir weitere Informationen über den Zustand Ägyptens. Während meiner Reise hatte ich erfahren, wie versalzt die Böden waren und in welchem Übermaß Kunstdünger sowie Pestizide verwendet wurden. Von Österreich aus erfuhr ich nun noch weit Schlimmeres über die Wirtschaft Ägyptens, über die Lage des Bildungs- und Gesundheitswesen, über die Landwirtschaft und die Handelsbeziehungen, als ich aus meinen Gesprächen mit Ägyptern erfahren hatte. Darüber konnte ich mit den ägyptischen Botschaftern in Bonn und in Wien sprechen, die allerdings nach meinem Eindruck dazu neigten, die Lage eher zu beschönigen. Wenn ich dann aber Zahlen und Fakten vorlegte, die ich mir beschafft und in einer umfangreichen Studie zusammengefasst hatte, löste ich lähmende Betroffenheit bei ihnen aus. Dabei wollte ich niemandem Vorwürfe machen, sondern die Probleme mit anderen Menschen bewegen, um noch mehr Informationen zu bekommen. Die aufkommenden Gefühle versuchte ich in mir selbst zu klären.

Währenddessen beschäftigte ich mich weiter mit der anthroposophischen Geisteswissenschaft und lernte auch ihre praktische Anwendbarkeit auf viele Lebensgebiete näher kennen. Und je mehr ich mich in sie vertiefte, desto mehr ergaben sich mir aus dieser Richtung Antworten auf die bohrenden Fragen und die innere Unruhe, die in mir entstanden waren. Immer wieder blitzten im Nachsinnen über das Gelesene Lösungsansätze auf, durch die etwas verändert werden könnte. Insbesondere faszinierte mich die biologisch-dynamische Landwirtschaft, die aus der Anthroposophie entwickelt worden war und mit der man in Europa schon seit Beginn des 20. Jahrhunderts erfolgreich arbeitete. Durch sie, so war ich sicher, würde die landwirtschaftliche Situation in Ägypten entscheidend verbessert werden können. Dennoch blieben viele Fragen offen, mit denen ich oft zu Martha Werth ging. Eines Tages wies sie mich auf einen Vortrag von Georg Merckens hin, der in St. Johann stattfinden sollte. Merckens war Berater der biologisch-dynamisch wirtschaftenden Höfe für Österreich und Italien. Ich erlebte ihn als zauberhaften Erzähler, der mit wunderbarer Stimme, Größe und Anschaulichkeit vortrug. Nach dem Vortrag sprach ich ihn an, weil ich mehr über die biologisch-dynamische Landwirtschaft wissen wollte. Wir fanden eine Woche, in der ich ihn auf einer Tour durch Italien begleiten sollte. Auf dieser Reise wollte er mir das Wesentliche erzählen, das ich gleich auch

Georg Merckens, 1990

anschaulich erleben könnte. Endlich hatte ich das Gefühl, einen Freund gefunden zu haben, der meine Ansicht verstand, dass durch die biologisch-dynamische Wirtschaftsweise Ägyptens Landwirtschaft zu reformieren wäre: Der Beginn musste meiner Ansicht nach mit dem Aufbau einer tragfähigen Landwirtschaft gemacht werden, der weitere Projekte folgen könnten. Und Georg Merckens ging auf meine Pläne ein, obwohl er öfter erstaunt fragte: »Wo nehmen Sie als Nicht-Landwirt den Mut dazu her?«

In dieser Phase meiner Entwicklung kannte mein Erkenntnisdrang jedoch keine Grenzen. Es gab nichts, was ich nicht wissen konnte, nichts, was ich nicht hätte leisten können. Wo waren die Grenzen? Ich kannte sie nicht! Im Laufe meines Lebens hatte ich mir drei Fähigkeiten angeeignet, auf die ich mich verlassen konnte: zum ersten eine hohe Lernfähigkeit. Als zweites erlebte ich immer wieder, dass ich auf Menschen zugehen und sie gewinnen konnte; und zuletzt verfügte ich über eine enorme Schaffenskraft. Ich war der Ansicht, dass ich alles konnte, wenn ich nur genügend Zeit zum Planen und zur Vorbereitung hätte. Denn der einzig begrenzende Faktor, das musste ich schon zugeben, war für mich die Zeit. Doch ich lernte, Prioritäten zu setzen und zu wissen, was im Augenblick für mich wesentlich war. Jetzt war es vorrangig, die biologisch-dynamische Wirtschaftsweise kennen zu lernen. Das tat ich, während ich mit Georg Merckens durch Italien fuhr. Auf den langen Fahrten von Hof zu Hof – ich war sein Chauffeur – erzählte und erklärte er mir die Grundlagen des biologisch-dynamischen Anbaus. Bei allem hörte ich mit größter Konzentration zu, führte interessante Gespräche mit den Bauern und glaubte, bald auch die entscheidende Schwachstelle der biologisch-dynamischen Landwirtschaft herausgefunden zu haben: Es war die mangelnde Kenntnis über die Vermarktung der Produkte. Auch Georg Merckens war kein Vermarkter. Als ich ihn nach dem von Steiner angeregten Prinzip der »Assoziation« fragte – also einer Verbindung der am Wirtschaftsprozess beteiligten Menschen, die sich kennen sollten, um die gegenseitigen Bedürfnisse zu erkunden und zu erfüllen –, winkte er ab: »Davon sind wir weit entfernt.

Das ist alles Ideal. Das können wir noch nicht!« Ich jedoch war überzeugt, dass man gerade diesen Punkt bei einem Beginn in Ägypten von vornherein sehr bewusst angehen musste.

Am Ende dieser Woche fuhr ich ihn zurück nach Ulm. In Bad Waldsee machte er mich noch mit Roland Schaette bekannt: »Sie müssen einen Betrieb kennen lernen, der biologisches Tierfutter, Tierarzneimittel und Pflanzenschutzprodukte herstellt, wenn Sie Landwirtschaft aufbauen wollen.« Der junge Wissenschaftler hatte gerade bei Professor Wagner in München promoviert und erzählte mir begeistert von seiner Arbeit über Baldrian, gab mir seine Dissertation mit und führte mich durch seinen Betrieb. Die Firma erschien mir im Vergleich zu den mir bekannten großen eher klein und bescheiden und mit einfachsten Geräten ausgestattet. Hier verfügte man aber damals schon über eine über fünfzigjährige Erfahrung im Bereich der biologischen Tierarzneimittel. Die Offenheit, mit der Roland Schaette mir begegnete, bewirkte, dass ich ihn gleich ins Herz schloss, auch weil er zu den Wenigen gehörte, die meine Fragen ernst nahmen und mich nicht als Dilettanten wegschoben. Er ging auf alles ein. So verabschiedete ich mich von ihm in der Hoffnung, dass wir zusammen arbeiten könnten.

Meine »italienische Reise« mit Georg Merckens bildete einen wichtigen Schritt auf dem Weg zu meiner Entscheidung, nach Ägypten zurückzugehen. Vor meinem inneren Auge war die Vision eines auf Ganzheitlichkeit ausgerichteten Projektes entstanden, von dem eine kulturerneuernde Wirkung ausgehen könnte: Zur Landwirtschaft müssten ein oder mehrere Wirtschaftsbetriebe, dann eine Schule sowie verschiedene Bildungseinrichtungen mit Kulturangeboten und eine medizinische Versorgung hinzukommen. Die Aufgabe der Menschenbildung stand für mich an oberster Stelle. Für all dies würden aber konkrete Institutionen geschaffen werden müssen, damit es nicht bei bloßen Idealen bliebe. Daher begann ich, mich auf die Suche nach Mitstreitern zu begeben. Mir war klar, dass ich ein frei finanziertes Projekt ohne jede staatliche Unterstützung umsetzen wollte. Ich wusste nämlich, dass ich auf Schwierigkeiten mit den ägyptischen Behörden stoßen würde (die allerdings später schlimmer wurden, als ich sie mir je vorher ausgemalt hatte). Ich hoffte, idealistische Menschen zu finden und zur Mitarbeit für eine solche Unternehmung zu begeistern. Auch zur Zeit Mohammed Alis hatte etwas Derartiges stattgefunden, als dieser Reformer im 19. Jahrhundert Europäer nach Ägypten gerufen hatte, um sie für den Aufbau des Landes zu engagieren. Mit Ägyptern allein würde es nicht zu schaffen sein. Aber durch eine kulturelle Begegnung zwischen Ägyptern und Europäern könnte etwas Heilsames für dieses geschundene Land entstehen, so war ich sicher. Ich sprach darüber auch mit einigen mir bekannten ägyptischen Ärzten und Landwirten. Sie fanden die Idee zwar fantastisch, hielten sie aber nicht für umsetzbar. Einige erzählten, dass sie sich selbst an Veränderungen in Ägypten versucht hätten, aber an der schwerfälligen Bürokratie gescheitert seien. Sie rieten mir ab, irgendetwas in dieser Hinsicht zu unternehmen. So erlebte ich immer wieder, wenn ich mit Menschen über meine Idee sprach, dass sie diese nicht mit ihren Herzen verstehen konnten, dass sie, anders ausgedrückt, nicht den Mut besaßen, zu beginnen.

Drei Jahre waren seit meiner letzten Ägyptenreise vergangen, in denen sich in mir der Gedanke an eine Rückkehr nach Ägypten immer mehr verdichtet hatte. Es wäre mir unerträglich gewesen, aufgeben zu müssen, nur weil ich keine Mitstreiter fand. So war mein Entschluss gereift, es allein zu versuchen.

ABSCHIED VON EUROPA

Meine Seele begann sich zu spalten in einen ehrgeizig Erfolgreichen und einen suchend Fragenden, der bereit ist, alles Bestehende, Fest-Geprägte in einem neuen Licht zu sehen und zu verwandeln, um sich zu einer höheren Form aufzuschwingen. Den Erfolgreichen verließ ich mit meiner Entscheidung ganz bewusst und überantwortete mich dem Fragenden. Damit führte ich meine Seele wieder zu einer geistigen Einheit zurück und öffnete die Starrheit des Ehrgeizigen für neue Aufgaben, Begegnungen und Ziele.

Auf dem Schiff zerriss mein Herz. Die eine Herzhälfte vergoss wirkliche Tränen. Zum einen war ich im Begriff, eine erfolgreiche Karriere als Forscher abzubrechen und gegen eine äußerst unsichere Zukunft einzutauschen. Zum anderen verließ ich ganz bewusst etwas, was ein Teil von mir geworden war. Vor 21 Jahren, als ich mich auf einem türkischen Schiff von Alexandria entfernt hatte und nach Österreich ausgewandert war, hatte ich mich von meiner Mutter und meiner irdischen Heimat verabschiedet. Nun weinte ich innerlich über den Verlust meiner geistigen Heimat. Wie sehr würde ich die Salzburger oder Bayreuther Festspiele, die Faust-Aufführungen, die Gespräche mit Freunden und die philosophischen Lesungen vermissen! Ich empfand eine tiefe Einsamkeit in mir und hatte das dumpfe Gefühl, in Ägypten nicht so schnell wieder heimisch werden zu können. Doch ich konnte mein Herz mit den Worten von Hermann Hesse beruhigen: »...denn jedem Anfang wohnt ein Zauber inne, der uns beschützt und der uns hilft zu leben!«

Die andere Seite des Herzens fühlte tief in sich ruhend jene drei Begabungen, die nun wie Samen in die Erde Ägyptens versenkt werden wollten, um dort zu neuem Keimen, Wachsen und Gestalten zu verhelfen: Auf meiner Ägyptenreise hatte ich an der Lebensweise der ägyptischen Bevölkerung eine tiefe Hoffnungslosigkeit erlebt, die mich stark ergriffen hatte, denn ich wusste, dass die Beschaffenheit der Umgebung die Seelenverfassung der Menschen widerspiegelt. Ich empfand Mitleid mit denen, die für diesen Zustand nicht verantwortlich zu machen waren, sondern ihn einfach ertragen mussten und das Ertragen gelernt hatten. Durch die Beschäftigung mit der Geisteswissenschaft ahnte ich einen Weg, der sie aus ihrem Elend herausführen könnte.

Die drei Fähigkeiten, die in mir im Laufe meines Lebens, woher auch immer, gewachsen waren, habe ich schon erwähnt: die Lernfähigkeit, das soziale Können und meine Schaffenskraft. Aufgrund dieser Seelenkräfte fühlte ich in mir die Veranlagung, diesen Zustand der Hoffnungslosigkeit verwandeln zu können. Innerlich schätzte

Ibrahim Abouleish um 1977,
kurz nach der Rückkehr nach Ägypten

ich mich glücklich, dass ich diesen Aufbau in der Wüste würde leisten dürfen! Es ist ein Glück, wenn man spürt, dass man für eine Aufgabe mit den richtigen »Werkzeugen« ausgestattet ist. So hoffte ich aus diesem Glücksgefühl heraus, Menschen zu finden, die das Gleiche wollten und die mich aus ihren Fähigkeiten und Kräften heraus unterstützen würden.

Und durch ein Gottvertrauen, das in vielen Jahren aus dem meditativen Umgang besonders mit den Namen Allahs erwachsen war, fühlte ich mich innerlich gestärkt. Aus dieser Hinwendung zu Allah erwuchs ein innerer Friede, der mich die ganze Zeit begleitete und in dessen Tiefe ich auch heute noch jederzeit eintauchen kann.

ZWEITER TEIL

»Stört das Gleichgewicht nicht und haltet das rechte Maß und verliert es nicht.«

Sure 55 Vers 59

Der Beginn von SEKEM

Wüstenland

Mein erster Besuch nach der Ankunft in Ägypten galt dem Landwirtschaftsminister. Ich erklärte ihm, dass ich ein Stück Wüste suchte, das ich mit biologischen Methoden bebauen wollte. Es war ein freundliches Entgegenkommen
dieses vielbeschäftigten Mannes, dass er mir eine halbe Stunde lang zuhörte.
Im Anschluss an unser Gespräch beauftragte er einen Mitarbeiter seines Minis-
teriums, mir Wüstengebiete zu zeigen, die ich vom Staat kaufen könnte. Davon
sei schließlich in Ägypten genug vorhanden. Zuerst fuhren wir also nach Westen, Richtung Alexandria. Von der Asphaltstraße aus zeigte er mir zum Kauf be-
reitstehende Gebiete, bei denen es gut mit Wasser aussah. Für den Erwerb jenes
Landes könnte der Minister sicher ein Wort einlegen. Ich sah mir alles an, fragte
nach Menschen, die hier lebten, nach Energiemöglichkeiten und wollte wissen,
ob hier Straßen gebaut werden könnten. Innerlich blieb ich aber unberührt. So
ging es den ersten Tag und einen zweiten. Am dritten Tag sagte Kamel Zahran,
mein Kontaktmann, in der Frühe, dass er, bevor wir unsere Reise fortsetzten,
noch jemanden besuchen müsste, da er noch einen Nebenberuf hätte: Er war
Landwirtschaftsberater und wollte eine Farm nordöstlich von Kairo, am Ismalia-Kanal, besuchen. Da ich auf dieser Fahrt ja sein Chauffeur war, bat er mich,
ihn dorthin zu bringen. Am Kanal ließen wir das Auto stehen, setzten mit der
Fähre über und erreichten die Farm, deren Besitzer eine große Orangenplantage
hatte. Mein Begleiter stellte mich und mein Vorhaben vor und der Eigentümer
meinte lächelnd, indem er mit einer weiten Geste ins Land zeigte: »Da werden
Sie hier sicher etwas finden!« Nachdem er seine Aufgabe erledigt hatte, ging ich
mit Kamel Zahran über das Grundstück weiter, das sich vom Kanal aus in einem
Streifen von vier Kilometern weit in die Wüste hinein erstreckte – so weit wie
das Wasser des Kanals reichte. Es war heiß, der alte Mann litt und ging schwer
neben mir durch die Baumreihen der Plantage. Der Schweiß rann ihm über sein
Gesicht. An der Grundstücksgrenze blieben wir stehen und blickten in die steinige Öde. Während er im Schatten eines Baumes wartete, ging ich allein ein
Stück weiter. Das Land, das sich bis zum Horizont fahlgelb und leer vor meinem Blick ausdehnte, erschien ganz sanft hügelig. Mir gefiel, dass es hier nicht
so flach war wie im Delta. Nach einigen weiteren Schritten in der flirrenden
Sonnenhitze bemerkte ich, wie in meinem Inneren die Vision auftauchte: der

Ibrahim Abouleish auf dem Traktor. Beginn der Landwirtschaft auf der Farm, 1977

Brunnen, Bäume, Pflanzengrün und Blütenduft, Tiere, Komposthaufen, Häuser und arbeitende Menschen. Wie viel Kraft würde aufgebracht werden müssen, um eine solch unwegsame, schwierige Umgebung zu verändern und diese Öde in einen Garten zu verwandeln! Aber wie viele Arbeitsplätze würden dabei geschaffen werden können, verbunden mit der Möglichkeit, dass Menschen gebildet und Heilsames für die Landschaft erreicht werden könnten! –Ich fühlte mich von diesem Land berührt, als hätte mich etwas angesprochen. Wenn ich heute zurückdenke, muss ich natürlich meine gewaltige Naivität eingestehen, denn ich wusste überhaupt nicht, was es bedeutete, Land in der Wüste anzulegen und zu bewässern.

Wir fuhren noch einmal hin. Doch sämtliche Berater rieten schon nach kurzer Zeit ab: Die Bodenqualität sei sehr schlecht und die Wasserversorgung schwierig; es gäbe keine direkte Straße von Kairo aus und daher müssten alle Güter mit der Fähre über den Ismalia-Kanal übergesetzt werden. Die Infrastruktur, die der Besucher hier viele Jahre später wie selbstverständlich vorfindet, die Asphaltstraßen, die Strom- und Telefonversorgung und auch die Dörfer sind ja erst allmählich mit dem Wachsen von SEKEM entstanden. Es hieß damals also einhellig, dass das Land nicht geeignet sei.

Weg zur Farm, 1978

Ich hörte mir das alles an. Und über Nacht geschah es – in der Frühe beschloss ich, dieses Wüstenland zu erwerben. Wenn in dieser Einöde und unter diesen extrem widrigen Umständen die biologisch-dynamische Landwirtschaft und alles, was ich mir nach meinem inneren Bild wünschte, gelingen würde, dann wäre dieses Modell auch auf einfachere Verhältnisse übertragbar und uns würden durch die Überwindung von Schwierigkeiten große Kräfte zuwachsen! Das war 1977.

Mit dem Erwerb des Grundstücks begann eine intensive Planungsphase. Ich versuchte nun die 700 mal 1000 Meter selbst zu vermessen, indem ich mir die dafür notwendigen Geräte auslieh. An besonderen Punkten schlug ich Eisenpfähle in den Sandboden und zeichnete alles sorgfältig auf Papier auf. Zehn Jahre blieb es dabei, dass ich von den Grenzen nur eine ungefähre Ahnung hatte. Die späteren Korrekturen waren erstaunlich geringfügig.

In diesen Plan trug ich zuerst die Straßen ein: Eine Längsachse sollte sich in nordwestlich-südöstlicher Richtung mitten durch das ganze Gelände ziehen. Von ihr aus gingen nach rechts und links kreuzförmig weitere Wege ab und gliederten das Land in mehrere rund drei Hektar große Parzellen für Felder. Im Geiste wurden die Wege, mit Bäumen bepflanzt, zu schattigen Alleen. Das ganze Grundstück sollte mit einem dreißig Meter breiten Baumgürtel umgeben werden, zum Schutz für das werdende Leben der Pflanzen, Tiere und Menschen.

Wer in die Wüste Leben bringen will, braucht als Erstes und Wichtigstes Wasser. Ich plante, zwei Brunnen zu bohren, einen im Nordwesten in der Nähe der Ställe, die ich dort bauen wollte, und den zweiten im Südwesten, wo die Häuser

und Wohnungen entstehen sollten. Einen langen Streifen Land im Westen sparte ich aus; dort stellte ich mir vor meinem inneren Auge eine Schule, eine Kran-
kenstation, ein Zentrum für die Bewegungskunst der Eurythmie, für Kunst und
soziales Leben vor. Und den Betrieben, von deren Gewinnen der Aufbau und
die Entwicklung der kulturellen Einrichtungen finanziell getragen werden würde, gab ich in der Mitte des Grundstückes Raum. Zu den rechtwinkligen Wegen
zeichnete ich immer wieder an markanten Kreuzungspunkten Rondelle ein, um
von Grund auf eine künstlerische Gestaltung des Wüstengeländes anzulegen.

Unser erstes Wohnhaus auf dem Gelände wurde rund gebaut, und auch die
Betriebe hatten zu Anfang viele Rundungen. Dieser Gestaltungsimpuls kommt
aus einem tief in meiner Seele lebenden sozialen Empfinden: Was sich im Kosmischen als Sonnenzeichen darstellt, lebt sich auf Erden als ein Hingezogensein
zum Sozialen aus. Ich hatte darüber nicht lange nachgedacht, es kam ganz tief
aus mir als Bedürfnis.

Dieser erste Plan existiert noch. Wenn ich ihn heute gelegentlich betrachte,
sehe ich mich, zeichnerisch konzipierend, einsam über die öde, steinige Fläche
gehen, schutzlos Sonne und Wind ausgesetzt, dort, wo heute die blühende Oase
SEKEM mit all ihrem Leben entstanden ist. Es ist kaum zu glauben und ein Wunder, wie sich eins aus dem anderen entwickelte. Menschen kamen, halfen mit,
blieben oder gingen wieder; es war gegen Intoleranz, gegen Nachlässigkeit und
gegen viele Hemmnisse anzukämpfen. Und alles kommt mir im Rückblick wie
ein großes lebendiges Gewebe vor, das aus Kett- und Schussfäden zum Bild von
SEKEM gewirkt wurde. Immer noch existiert im Kunsthaus, im oberen Stock-
werk, mein Planungsbüro.

Als Nächstes schaffte ich einen Traktor an und begann nach meinem Plan,
Straßen anzulegen. Bei dieser Arbeit war ich überwiegend allein; es wanderten
nur hin und wieder Beduinen mit ihren Ziegen vorbei, denen es merkwürdig
vorzukommen schien, was ich dort, immer wieder auf ein Papier blickend, tat.
Meine Idee konnten sie nicht begreifen. Aber sie sahen sie vor ihren Augen entstehen.

Die Beduinen, die sich offenbar gerade zu diesem Stück Land besonders hin-
gezogen fühlten, waren freundlich. Immer wieder brachte ich ihnen etwas aus
Kairo mit und schloss allmählich Bekanntschaft mit diesen Menschen. Es berührte mich und ich dachte, dass es doch wunderbar sei, dass schon im ersten
Jahr etwa vierzig Leute hierher kommen, um ihre Strohhütten aufzuschlagen
und dort zu wohnen. Ich empfand sie als vom Himmel geschickt und begann,
dem einen oder anderen von ihnen Aufgaben zu geben. Einmal stand ich bei
meinen Arbeiten und war gerade in eine Tätigkeit vertieft, da klopfte mir von
hinten jemand auf die Schulter und sagte: »Ich bin Mohammed. Ich bin dein
Wächter!« Er war ein Beduine mit erschreckend hässlichen Zähnen, aber außerordentlich offenherzig und lieb; er lebt heute noch in SEKEM. Damals hielt

ich sein Angebot für reine Freundlichkeit und nahm es dankbar an. Erst später sollte ich das auch noch anders verstehen.

Der Winter des Jahres 1978 war ziemlich hart. Ich lief ständig mit einer Pelzmütze und einem dicken Wollmantel umher und mir wurde kalt, wenn ich die Beduinen um mich so dünn bekleidet sah. Ich besorgte also für meinen Wächter Mohammed und seine Familie Wolldecken, für die sie sehr dankbar waren. Als aber der Frühling kam und es wieder warm wurde, sah ich eines Tages etwas Schockierendes: Mohammed hatte die Wolldecken zu einem Strick verarbeitet und zog damit seinen Traktor. Die Decken waren verdreckt und zerschlissen. Ich sagte: »Mohammed, was hast du getan? Was machst du mit den Decken?« Er sah mich erstaunt an, als ob ich nicht von dieser Welt wäre. »Mohammed, der nächste Winter wird kommen. Du wirst die gleichen Decken wieder brauchen!« – »Was meinst du? Der Winter wird wieder kommen? – Wenn der Winter kommt, wird Allah dir sagen, dass du mir neue Decken kaufst!«

Ich lernte ganz allmählich, dass viele Menschen, mit denen ich umging, kein Bewusstsein von Zeit hatten oder, anders ausgedrückt, Zeit anders erlebten. Aus einer solchen Bewusstseinshaltung heraus kann man aber nicht planen, kann man sich keine Ziele setzen, nicht analysieren, nicht korrigieren und nicht reflektieren. Gleichzeitig sah ich die überschwängliche Herzlichkeit und Offenheit meiner ganz in der unmittelbaren Empfindung lebenden Mitmenschen, die völlig aus dem gegenwärtigen Erleben heraus handelten. Aber ich wollte etwas entwickeln und verfolgte Ziele, für die ich planen musste. Aus all meinen Erlebnissen wurde mir deutlich, wie wichtig für diese primär in der Empfindung lebenden Menschen das moralisch handelnde Vorbild ist. Jeder von euch ist ein Hirte, und jeder ist für das ihm Anvertraute verantwortlich, sagt der Prophet. Über das konkrete Vorleben, das die Menschen hier sogar bis in die Haltung und Bewegung hinein nachahmen, können sie an sich selbst und in ihrer Umgebung vieles verändern. So habe ich auf SEKEM selbst den Rechen in die Hand genommen und mit den Menschen geübt, die Wege zu harken, habe mit ihnen gemeinsam Wände in leuchtendem Weiß gestrichen. Oft hat es für die einfacheren Menschen genügt zu sehen, dass mir diese Dinge wertvoll sind, und sie haben sich bemüht, weil sie wussten, dass ich es so liebe. Dieses nachahmende Verhalten wirkt über eine längere Zeit verwandelnd.

Gleichzeitig war es mir wichtig, durch eine wissenschaftliche und künstlerische Begleitung das Staunen zu wecken, das zu eigenen Fragen führt. Wenn Menschen beginnen, Fragen zu stellen, zeigen sie, dass sie eine Sache von innen her ergreifen lernen. Der nächste Schritt besteht darin, für diese vor allem in den Empfindungen lebenden Menschen konkrete soziale Formen zu schaffen. Dies betrifft eine Ebene, die aus europäischer Sicht weitgehend selbstverständlich erscheint, aber für die Verbindlichkeit innerhalb eines Unternehmens von zentraler Bedeutung ist: Wie und wann beginnen wir unseren Tag? Wie stehen wir im Kreis, wie kleiden wir uns richtig für unsere Arbeit? Wie gehen wir miteinander um, damit Menschenwürde deutlich wird? Über den Weg der Formen entwickelt sich der Verstand. Das beginnt mit sehr elementaren Regeln: Wenn jemand beispielsweise um sieben Uhr bei der Arbeit sein muss, sind dazu viele Überlegungen nötig: zeitiges Aufstehen, Ankleiden, Frühstücken, Busfahren, damit man wirklich pünktlich erscheint. Das Bewusstsein beginnt sich mit etwas zu beschäftigen, mit dem es sich nie von sich aus auseinandergesetzt hätte. Denn in den meisten Fällen geht man hier in Ägypten zur Arbeit, wenn man ausgeschlafen hat, und beendet eine Sache, wenn man müde ist.

DAS WASSER

Die ersten Straßen waren angelegt und die Felder parzelliert, nun sollten zwei Brunnen gebohrt werden. Mir selbst fehlten dafür jegliche Kenntnisse. Dadurch kam ich in die glückliche Lage, wieder Menschen Arbeit geben zu können. Ich erfuhr von einer Truppe, die Brunnen in der Wüste bauen konnte. Aus Zement, den ich ihnen besorgte, und aus Sand formten sie mit ihren Händen in Holzformen zu Tausenden dicke Ziegel. Das nötige Wasser musste in einem Tank mit dem Traktor vom Kanal geholt werden. Die Männer fingen nun mit den Händen und mit Schaufeln an, den Sand einen halben Meter tief wegzuschaffen und mauerten mit den Zementziegeln einen Ring. Über Nacht härtete der Zement aus. Frühmorgens gruben sie weiter und hackten sich mit einfachstem Werkzeug, auch wenn sie auf Gestein stießen, allmählich in die Tiefe. Dann setzten sie einen nächsten Ziegelring. In die Ziegel wurden in Abständen immer wieder Eisenstangen als Tritte eingefügt, sodass Geröll, Erdbrocken und Sand in Kübeln aus der Tiefe an die Oberfläche getragen werden konnten. In 25 Meter Tiefe wurde der Sand plötzlich nass. Noch weitere fünf Meter ging es tiefer hinunter. Zuletzt stieg mit dem Sand sehr viel Wasser mit hinauf – das erste Wasser! Es wurde begeistert von allen gekostet. Das erste Wasser auf eigenem Grund – ein Fest! Aber es war tief, tief unten. Wie sollte es hochbefördert werden?

Tagsüber beaufsichtigte ich den Brunnenbau, damit keine Unfälle geschahen und gut gearbeitet wurde. Spätabends, wenn die Männer gegangen waren, studierte ich bis in die Nächte hinein Bücher über Pumpen und stellte Berechnungen über die Förderkapazität der Geräte an. Ich fand das Benötigte schließlich bei den Schrotthändlern der Stadt, die selbst keine Ahnung hatten, was sie da anboten: einen alten Elektromotor, Kreiselpumpen und Rückschlagventile. Natürlich hätte ich aus Europa moderne Maschinen bekommen können. Doch ich gestehe, dass ich während des Aufbaus versuchen wollte, ohne fremde Hilfe alles aus diesem Land heraus für dieses Land zu entwickeln. Es war sehr mühsam, denn nachdem ich diese gebrauchten Geräte ausprobiert hatte, musste ich öfter, wenn sie nicht liefen, drei Stunden über unwegsame Sandpisten nach Kairo zurückkehren, um sie umzutauschen oder neue zu suchen.

Die Pumpen und alle weiteren Elektrogeräte brauchten Strom – Strom mitten in der Wüste? Ich besorgte einen Dieselgenerator, für den auch ein Dieseltank bereit gestellt und Dieselöl transportiert werden musste. Die vielen Schwierigkeiten und Tragödien, die damit verbunden waren, will ich hier nicht weiter ausbreiten. Bis endlich das Wasser heraufkam! Wie waren wir alle glücklich über diese ersten schwer errungenen, köstlichen Tropfen aus der Tiefe, die mit einem großen Fest gefeiert wurden!

Diese Brunnenbauweise, die an die altrömische Art angelehnt ist, wurde später nicht wiederholt. Insgesamt haben wir auf der Farm wohl fünf Brunnen gebohrt, die in 100 bis 110 Meter Tiefe reichen. Von oben wird eine Tiefpumpe mit Elektrokabel hinabgelassen; alles ist heute zwar teurer, aber viel einfacher und schneller.

Noch bevor zum ersten Mal Wasser heraufgepumpt worden war, hatte ich auch über die Verteilung nachgedacht oder genauer: das Bewässerungsnetz vorgeplant. Wie sollte das Wasser geleitet werden, damit es die Pflanzen und Tiere erreichte? – Bewässerung ist eine Klugheit erfordernde Angelegenheit. Kanäle mussten entstehen und Rohre gelegt werden. Damals fingen wir an, das ganze Land zu terrassieren und Kanäle anzulegen, in denen, wie im Nildelta, das Wasser rinnt und die Felder erreicht. Heute haben wir viele verschiedene Bewässerungssysteme auf der Farm. SEKEM ist heute von einem riesigen unterirdischen Bewässerungssystem durchzogen.

Schattenspendende Bäume

Sobald es gelungen war, Wasser zu fördern und auf die Felder zu verteilen, verfolgte ich einen neuen Plan. Rund um das ganze Gelände sollte ein Baumstreifen entstehen und längs der Wege plante ich schattenspendende Alleen. Die wunderbaren Wälder Mitteleuropas, an deren hohen Bäumen sich die Menschen innerlich aufrichten können, sind den Ägyptern unbekannt. Selten begegnen sie in der Weite der Wüste der Qualität der Vertikalen; so verströmt sich ihre Seele allzu leicht in der Unendlichkeit des Horizontes. Für das innere Erlebnis des Aufrichtens standen früher in den Tempeln die Obelisken. Dies war ein weiterer Grund für die Baumpflanzungen, neben dem Motiv, durch die Bäume einen schattenspendenden Schutzraum für das wachsende Leben gegen die übermächtigen kosmischen Einflüsse des Lichtes und der Hitze zu errichten.

An einer anderen Stelle des Grundstücks, wo ein Wald geplant war, hatten sich in der Zwischenzeit die Beduinen mit ihren Zelten niedergelassen. Sie waren nun im Weg, aber es würde für diese ohnehin nicht sesshaften Menschen ein Leichtes sein, auf dem weiträumigen Gelände umzuziehen. Ich suchte sie deshalb auf und sagte zu ihnen etwa : »Hört zu, ihr müsst jetzt mit euren Stroh-hütten an eine andere Stelle gehen.« Da wurden sie plötzlich böse und gaben mir in schroffem Ton zur Antwort: »Nein, du musst hier weg. Wir sind die Bedu-inen, es ist unser Land und du bist fremd!« Mit einem Mal war vergessen, dass wir bis gestern noch Freunde gewesen waren, und die Stimmung schlug um. Ich hatte damals nicht bedacht, dass diese aggressive Härte und Strenge für die Beduinen typisch ist, und stand vor einem Rätsel.

Was sollte ich tun? – Ganz behutsam versuchte ich, die Beduinen besser ken-nenzulernen. Dabei bemerkte ich, dass es eigentlich ein bedauernswertes Volk war. Die Männer hatten zwar Waffen, aber offenbar nur, um damit ab und zu in die Luft zu schießen. Nach längerem Überlegen verfiel ich auf einen Plan, der für europäische Augen vermutlich auf den ersten Blick befremdlich wirkt: Aber ich war entschlossen, die Beduinen, ohne ihnen auch nur im Entferntesten schaden zu wollen, mit einer Inszenierung zu beeindrucken und sie dann zu ihrem ei-genen Vorteil zu überrumpeln. Mit der Hilfe des Landespräsidenten bekam ich einen Termin beim obersten Polizeichef der Gegend und bat ihn um 40 bis 50 Polizisten. Eines Tages fuhr ein Lastwagen mit einem Trupp Polizisten vor dem Farmgelände vor und die uniformierten Männer marschierten mit lauten Schrit-ten auf. Alle Beduinen erschraken. Wo heute das Mahad steht, das Rundhaus für die Erwachsenenbildung, hatte ich damals ein Rondell angelegt. Dort saß mein Verwalter mit dem Auftrag, den Beduinen Geld zu geben, wenn sie sich mit ihrer Unterschrift bereit erklärten, ihren Platz zu wechseln. Einen nach dem anderen schickte ich zu dem Verwalter. Als sie nach ihrer Unterschrift zurückkamen, hatte ich einen Traktor vorbereitet, um ihre Sachen an einen anderen Platz zu transportieren. Nun entstand ein Tumult, ein Geschrei und Gezeter! Trotz ihrer Wut wagten sie es angesichts der Soldaten nicht, sich zu widersetzen. Es war mir gelungen, sie zu beeindrucken! Und dort, wo sie damals hingingen, leben sie heute noch.

Was mich aber in dieser Situation für sie wirklich zu einer lebenslangen, ge-schätzten Autorität werden ließ, war nicht der Eindruck der Soldaten, sondern noch etwas anderes: Auch nach vollzogenem Umzug hielt das fürchterliche Schimpfen an und sie drohten, mich umzubringen, wenn die Soldaten weg wä-ren. Obwohl sie sogar Geld dafür erhalten hatten, waren sie für ihr Empfinden aus ihren Häusern vertrieben worden. Ich versuchte nun ruhig zu bleiben und beschloss, die folgende Nacht mit durchaus gemischten Gefühlen allein auf dem Land zu verbringen, um ihnen zu zeigen, dass ich nur ihr Bestes wollte. Wenn sie mir etwas anhaben wollten, könnten sie es tun, aber es wäre töricht. Der Mut, diese eine Nacht allein auf dem Gelände zu verbringen, muss sie schließlich überzeugt haben.

Nun konnte ich den Wald und die Alleen anlegen. 120.000 Setzlinge ließen wir dazu kommen: Casuarinen, Eukalypten und den persischen Flieder. Die Autos hatten wegen der schlechten Sandwege Transportschwierigkeiten, doch mit Hilfe der Beduinen und dank der inzwischen eingerichteten Bewässerungsmöglichkeiten gelangen die Pflanzungen. Aber kaum waren die Bäumchen gesetzt und angewachsen, kamen die Ziegen und fraßen etliche wieder ab. Ich musste zu jedem einzelnen Besitzer gehen und ihm sagen: »Mohammed, was hat deine Ziege gemacht?!« Dadurch zwangen sie mich aber, Tag und Nacht Wächter gegen die Ziegen einzusetzen, und weckten so meinen Sinn für Organisation. Immer wieder bezog ich sie ein, um ihnen Arbeit zu geben. Heute arbeiten sie immer noch überwiegend als Wächter des Geländes und als Schafhirten. Wie war ich froh, als ich merkte, dass die Bäume, die sehr anspruchslos sind und nichts anderes als Wasser brauchen, tatsächlich anwuchsen!

Menschen der Wüste

Im Laufe der Geschichte sind immer wieder an großen Flussläufen wie Euphrat oder Nil mächtige Kulturen entstanden. Es ist das Wasser, das die Seelen der Menschen mildert und für Einflüsse anderer Völker öffnet. Das Wasser schafft grüne Gärten, ermöglicht Landwirtschaft, auf deren Grundlage Kultur und Religion die Bewohner verwandeln kann. – Welche Völker zogen dagegen in die Wüste und wie wurden sie durch diesen extremen Lebensraum geprägt? So fragte ich oft, um die Beduinen besser zu verstehen. – Die Beduinen als Menschen der Wüste sind ständig den übermächtig wirkenden Einflüssen des Lichtes und der Hitze ausgesetzt. Sie müssen sich ihrer Umgebung gegenüber abschließen, da sie sonst innerlich wie aufgerissen würden. Wüstenmenschen ziehen sich in sich zurück, weil sie andernfalls von der Trockenheit ausgedörrt würden. Ihrer Lebenserfahrung fehlt das lösende, entspannende, mildernde Element des Wassers. Umgeben von Steinen und Sand kennen sie das vermittelnde Grün der lebendigen Pflanzenwelt nicht. Hinzu kommt der harte Wechsel von tief schwarzer Nacht und grellem Tageslicht, von Kälte und Hitze, das ihren Charakter prägt. In diesem Überlebenskampf, in absoluter Bedürfnislosigkeit als

Wandervolk, muss alles kulturelle Leben ihnen unnütz und verweichlichend erscheinen. Beduinen kennen keine Kunst in unserem Sinne. Die Frauen versorgen den Haushalt und pflegen die Tiere, wobei ihnen wenig Gelegenheit bleibt, sich um Kultur zu kümmern. Sie verspinnen die Haare der Ziegen und Kamele und weben daraus nützliche Gebrauchsgegenstände wie Decken für Zelte und Kleidung, deren Farben wir als schrill empfinden. Wasser ist den Menschen zum Baden und Waschen zu kostbar und wird durch Sand ersetzt. Frauen werden in dieser Härte des Lebens insgesamt eher als Last erlebt, eben als zusätzliche Esser. Früher hat man die neugeborenen Mädchen bis auf ganz wenige oft gleich nach der Geburt lebendig begraben. Bis heute setzt sich die Erniedrigung der Frau bei den Beduinen immer wieder durch, obwohl der Prophet im Islam anderes verbreiten wollte.

Heutzutage geht nach meinem Eindruck alle Kraft, die die Beduinen früher zum Überlebenskampf brauchten, in eine extreme Schlauheit über. Im Gegensatz zu der sesshaften arabischen Bevölkerung, die eine eigene Sprachkultur, Kunst und Moral aufgebaut hat, verdienen diese Wüstenmenschen viel Geld durch Schmuggel von Waffen und Drogen – schließlich kennen sie die Pfade in der Wüste gut. Gesetze zu akzeptieren, die sie als von außen aufgesetzt erleben, fällt ihnen schwer. Mit ihrem Geld erweitern sie ihre Geschäfte und an die Stelle der Kamele treten heute Allrad-Jeeps. Ihre Siedlungen in der Wüste wirken kulturlos, die Häuser unproportioniert, dunkel und unreinlich. Sie leben mit ihren Tieren zusammen und hocken auf dem Boden. Zum Essen wie zum Schlafen haben sie keine Möbel. Anlagen begüterter Beduinen erkennt man an einem überdimensionierten Entree, das völlig überwältigend mitten aus der Wüstenumgebung aufragt. In ihren Palästen, die sie sich oft von Europäern oder Amerikanern errichten lassen, führen sie aber wie gewohnt ihr einfaches Leben fort. So richtig wohl fühlt sich der Beduine weiterhin nur in seinem »Haarhaus«.

Am Rande der Zivilisation begegnen sie dann Menschen wie den Fellachen, die in festen Häusern leben, Gärten und Felder anlegen. Als reines Naturvolk lehnen die Beduinen diese Lebensweise als weich und wenig menschenwürdig ab und assimilieren sich nicht. Sie wissen, dass jemand, der sesshaft geworden ist und etwas aufgebaut hat, Friede will. So halten sie gegen ein nicht gerade geringes Entgelt diesen »Frieden« ein. »Ich bin dein Wächter!«, hatte mir Mohammed gesagt! Wie war ich naiv, als ich ihm damals aus reiner Menschenliebe wegen seiner »Güte« fast um den Hals gefallen wäre! – Die Verschlossenheit der Beduinen liegt sehr tief. Selbst ihre Kinder in unserer Schule ertragen es kaum, wenn versucht wird, ihre Seelen mit Bildern, Kunst und Schönheit zu öffnen und zu weiten. Wir nehmen diese Tatsache als Aufgabe an, die Generationen brauchen wird, in der Hoffnung, mit viel Liebe und Zuwendung ihre harten, stolzen Gemüter zu berühren.

Energieversorgung

Meine ständige Sorge während der ersten Jahre des Aufbaus in der Wüste bestand darin, die Energieversorgung für die vielen Wasserpumpen und die Elektrizitätsgewinnung aufrechtzuerhalten, denn was bedeutete es, wenn der Dieselmotor ausfiel oder ein Filter des Generators verstopfte? Es hieß: Dunkelheit und in kürzester Zeit wieder Dürre. Es hieß auch: Warten, bis neues Dieselöl geliefert würde oder Ersatzteile für den Motor herangeschafft werden konnten. Deshalb war es äußerst mühsam, nur mit Generatoren zu arbeiten. Wir erlebten dabei auch einige tiefe Rückschläge. Besonders hart traf uns ein Sandsturm, bei dem man die Hand vor Augen nicht mehr sehen konnte, der alles zudeckte und den gesamten Betrieb für Tage zum Erliegen brachte. Wenn so etwas geschieht, erhält ein Tropfen Wasser den Wert eines Königreiches!

Damals kam nur in Betracht, die staatliche Stromversorgung mit Überlandleitungen und Trafostationen in Anspruch zu nehmen und den Diesel als Notstromaggregat zu verwenden. Die nächste Stelle, an die wir uns anschließen konnten, lag jedoch neun Kilometer entfernt! Alle Arbeiten, besonders der Bau und das Aufstellen der Masten auf fremdem Gelände kosteten zähe Verhandlungen, viel Arbeit und Geld. Die Menschen, die die Stromleitungen montierten, wurden von uns mit Essen versorgt. Dies war im Wesentlichen Gudrun zu verdanken.

Auf ihre Anordnung hin wurde für die Stromleitungsmonteure jede Woche ein Schaf geschlachtet und das Fleisch zu einer Mahlzeit gerichtet. Als wir nach zweieinhalb Jahren Stromleitungsbau auf den Knopf drücken konnten und Licht hatten, feierten wir dieses Ereignis mit einem riesigen Festessen, bei dem eine ganze Kuh geschlachtet wurde und zu dem alle Menschen samt ihren Familien eingeladen waren, die überhaupt jemals mit dem Bau der Stromleitung zu tun gehabt hatten. Wir waren so froh über die Stromversorgung, obwohl es in den ersten Jahren bis zu 80 Prozent Ausfall gab und wir dann immer wieder den Dieselgenerator dazuschalten mussten. Heute gewährleisten die Generatoren, dass die Kühl- und Trocknungsgeräte der Betriebe weiterlaufen.

Das Rundhaus, erstes Gebäude auf der Farm, um 1978

DAS RUNDHAUS

Der Platz für unser erstes Wohngebäude, das Rundhaus, das heute als Gästeunterkunft dient, war schon in meinen ersten Planungen berücksichtigt. Ich konzipierte und zeichnete es überwiegend in Nachtarbeit, da mich meine täglichen Aufgaben übermäßig beanspruchten und mir für zusätzliche Planungsarbeiten keine Zeit ließen. Dabei dachte ich mir, dass sich das Haus durch seine Rundung gegen die Offenheit der Wüste abschirmen und in einem geschützten Innenraum pflanzliches, aber auch kulturelles und soziales Leben ermöglichen sollte. In dieser miniaturhaften Idylle wollte ich einen Garten mit duftendem Jasmin, Hibiskus und Rosen anlegen, eine Oase inmitten einer lebensfeindlichen Umgebung. Aber mit welchen Materialien sollte das Wohnhaus gebaut werden? Ich sah mir die Häuser in meiner Umgebung an und entdeckte, dass sie aus Lehm errichtet worden waren, der mit den Füßen gestampft und mit den Händen verbaut wird. So stellte ich einige Maurer ein, die mit ihren Eseln den Lehm holten; das nötige Wasser hatten wir auf der Farm.

Nun zeigte ich den Männern meinen Plan, den ich für sie sorgfältig auf Papier gezeichnet hatte, und erklärte ihnen diese eigentlich recht einfache Konstruktion. Der Bau der Bäder im Wohnhaus war den Arbeitern völlig fremd. Das gehörte nicht zu ihrer Kultur. Ich versuchte mit viel Mühe, rote Ziegel zu bekommen, auf die die Fliesen angebracht wurden, alles musste ständig begleitet und korrigiert werden. Ich beauftragte einen Schreiner, die Fenster und Türen nach meinen Zeichnungen anzufertigen. Strom, Telefon, Frischwasser und Abwasserleitungen wurden geschaffen – was für ein Aufwand in den Augen der hiesigen Arbeiter! Was soll das alles, stand auf ihren Gesichtern geschrieben! Als das Haus endlich fertig war, lud ich alle Handwerker in unseren Bus und zeigte ihnen, wie in Kairo die Wohnhäuser aussehen. Zur Belohnung für ihren Einsatz führte ich sie in den Zoo.

Wirtschaftlicher Beginn

Die größte Frage aber war, wie sich die ganze Initiative, die auf diesem Gelände entstehen sollte, finanzieren ließe. Wenn auch bisher alles bezahlt werden konnte, das Land war noch immer eine Wüste. Wo ergaben sich neue Geldquellen für Häuser, Pflanzen und Tiere? Nun war meine Idee, dass zu allem, was bisher in der Landwirtschaft geschaffen worden war, noch etwas hinzu kommen müsse: nämlich Betriebe, in denen Menschen arbeitend Geld erwirtschafteten und die später den von mir in einem Fernziel geplanten Aufbau von Kultureinrichtungen finanziell tragen würden. Ich versuchte deshalb zu erkunden, was ich aus meinen Kenntnissen als Pharmakologe für die Menschen in Ägypten produzieren könnte und was sich exportieren ließe. Ich musste also von meinem Traktor heruntersteigen, Krawatte und Anzug anziehen, öfter mit meinem Wagen in die Stadt fahren und mit Menschen sprechen.

Ich begann, mich in Ägypten nach einem neuen Markt umzusehen. Mir kam die Idee, wohlschmeckende Kräuterteemischungen für verschiedene, in Ägypten häufig vorkommende Erkrankungen zusammenzustellen. Damals fingen wir mit dem Anbau von Heilpflanzen wie Kamille, Pfefferminze, Königskerze auf der Farm an. Dazu entwarf ich ansprechende Säckchen zu zehn Gramm, die zu Beginn mit der Hand mit Löffeln gefüllt wurden, und nannte diese Tees »SEKEM herbs«. Die Rezepturen der Teemischungen reichte ich beim Gesundheitsministerium ein und ließ sie registrieren.

Nun erfuhr ich zum ersten Mal, was Vermarktung im Inland bedeutete. Ich ließ Ärzte und Apotheken besuchen, damit die neuen Produkte bekannt wurden. Als ich merkte, dass die Nachfrage stieg, erfand Helmy zusammen mit einem Freund eine Abfüllmaschine mit hydraulischer Fußbetätigung, bei der sich ein kleiner Teller drehte, von dem die Kräuter in die Säckchen rieselten. Für diese Tätigkeiten stellten wir Mitarbeiterinnen ein. Nachdem die medizinischen

Kräuterteemischungen auf dem Markt gut ankamen, wurde das Sortiment um weitere Kräutertees vergrößert. Gleichzeitig versuchten wir unsere landwirtschaftlichen Erzeugnisse wie Milch, Käse, Brot und Gemüse an der deutschen Botschaft und an der deutschen Schule in Kairo zu verkaufen. Dies war im Wesentlichen Konstanzes Aufgabe. Dadurch sammelten wir unsere Erfahrungen auf dem ägyptischen Markt: Was lässt sich verkaufen? Bekommt man sein Geld? Wird nachbestellt? Allen Anfängen lag immer eine umfassende Planung mit Marketing und Wirtschaftlichkeitsstudien zugrunde.

In den ersten Jahren des Aufbaus gab es auf der Farm kein Telefon und nur eine unzuverlässige Stromversorgung. Da ich aber für die verschiedenen Registrierungen, den Vertrieb und hunderterlei Anfragen Kommunikation brauchte, musste in Kairo eine Verwaltung entstehen, für deren Einrichtung ich gleich zu Beginn dort schon ein Grundstück gekauft hatte. Der Aufbau der Verwaltung gestaltete sich jedoch noch viel schwieriger als alles, was ich bisher in der Wüste erlebt hatte. Ich musste feststellen, dass die Menschen, die ich für die Verwaltungsaufgaben eingestellt hatte, verglichen mit europäischen Maßstäben von Pünktlichkeit und Ordnung, entsetzlich unkorrekt und unzuverlässig arbeiteten, sodass ich mich anfangs genötigt sah, ihnen fortwährend auf die Finger zu sehen. Das fiel mir bei meinen vielen Aufgaben nicht leicht und ich hätte dringend Menschen gebraucht, die mir Arbeit abnehmen konnten. Außerdem widerstrebte mir diese Kontrollfunktion bei Erwachsenen, von denen ich mehr Selbstständigkeit erwartete. Und doch zeigte sich nach einiger Zeit etwas ganz Erstaunliches: Was in Europa nie möglich gewesen, sogar völlig missverstanden worden wäre, war für dieses Land die Lösung: dass nämlich die Menschen sehr dankbar waren, wenn man sie kontrollierte, weil sie sich auf einen Weg geführt sahen, den sie allein einzuhalten nicht in der Lage gewesen wären. Sie reagierten bei Korrekturen nie ablehnend, im Gegenteil, sie erlebten, dass man sie damit zum Erfolg führte. Sie fühlten sich wahrgenommen und anerkannt. Bisher beherrschen nur wenige Menschen in Ägypten Fähigkeiten wie Planung und Selbstkontrolle, die allermeisten leben recht unbedacht in den Tag hinein. Was Planung bedeutet, habe ich den Menschen, mit denen ich zusammengearbeitet habe, immer wieder vorzuleben versucht, um sie durch mein Vorbild mitzunehmen.

Wegen vieler Unzuverlässigkeiten begegnen sich viele Menschen in Ägypten in geschäftlichen Angelegenheiten mit einem fortwährenden Misstrauen. Eine wichtige Aufgabe von SEKEM sehe ich daher darin, Menschen bei ihrer Arbeit bewusst Vertrauen zu schenken, damit sie ihre Ehrlichkeit zeigen können. Diese wird durch »Kontrolle« belohnt, die die Menschen hier, wie ich bereits erwähnte, anders als die Europäer, als ein Wahrgenommen-Werden erleben. Dies wird eine Jahrzehnte währende Aufgabe bilden, durch die eine neue Moralität im Umgang miteinander entwickelt werden muss. Sie beginnt im Kleinen und erfordert tägliche Aufmerksamkeit, ist aber eine Aufgabe, die sich lohnt!

Widerstand

Die Verwaltung in Ägypten war damals, als ich begann, ebenso wie heute, noch außerordentlich kompliziert und umständlich. Einmal sollte ich für das ägyptische Landwirtschaftsministerium beschreiben, was die biologisch-dynamische Landwirtschaft sei und was es mit dem Kompostieren auf sich hätte. Als man meine Erklärungen gelesen hatte, wurde beschlossen, mein Projekt kurzerhand zu verbieten. Was hatte ich falsch gemacht? – Auf mein dringendes Nachfragen hin wurde mir ausgerichtet, aus meinen Ausführungen ginge hervor, dass sich durch die Kompostwirtschaft die Bakterien vermehrten und das Land somit verseucht würde. So etwas Unverantwortliches könnte man nicht erlauben. Um diese fatale Fehleinschätzung korrigieren zu können, ja um die Professoren und Beamten überhaupt wieder an den Verhandlungstisch zu bekommen, vergingen Wochen. Dann bekam ich zu hören, dass ich keine Ahnung von Landwirtschaft hätte, denn ich sei kein Bauer. Nun musste ich argumentieren, Literatur bringen, darstellen, was Kompostwirtschaft ist und was im Kompost geschieht. Ich begann die Nächte hindurch zu studieren, um Antworten präsentieren zu können. In der Frühe hatte ich dann meine Argumente bereit und im Laufe der Zeit gewannen immer mehr Menschen Vertrauen in die Sache und in mich. Aber es wollte jeder Einzelne gewonnen werden! Durch diese Fragen habe ich selbst sehr viel gelernt. Die Entscheidungen der Ministerien wurden dennoch immer wieder hinausgezögert. Trotz dieser Hindernisse arbeitete ich draußen in der Wüste weiter, bis eines Tages die Polizei mit einem Verbot erschien, da die Genehmigung noch nicht erteilt sei, hieß es.

So hatte ich fast zwölf Monate lang mit gewaltigen Schwierigkeiten zu kämpfen, bis unerwartet die Wende eintrat. Das Ministerium ließ ausrichten, man wolle Beobachter schicken, um festzustellen, wie sich der Boden entwickeln würde. Ein Wissenschaftler erschien und entnahm Proben, um den Boden zu analysieren. Dies geschah dann regelmäßig über zehn Jahre. Und das erwies sich schließlich als das Beste, was uns passieren konnte, weil dadurch das Ministerium die bodenverbessernden Maßnahmen und die Fortschritte, die wir erzielten, Schritt für Schritt mitverfolgte. Ich gewann viele Freunde auf staatlicher Seite und wurde nicht müde, von meinen Ideen und meiner Vision für das Land zu erzählen.

Meine Vision von dem Brunnen in der Wüste, aus dem ich für die Pflanzen, Tiere und Menschen Wasser schöpfe, begann ganz allmählich gegen viele Widerstände irdische Gestalt anzunehmen. Ich lernte den Professor für Landwirtschaft Chairy El Gamasy kennen. Er besorgte für SEKEM Kühe aus seinem Heimatdorf. Er war es auch, der mir ein Feld voller Rosen pflanzen ließ, weil ich in dieser dürren, öden Umgebung einfach Schönheit um mich brauchte. Wir

Taubenhäuser

begannen mit 50 bis 60 ägyptischen Büffeln und mussten dazu soviel Futter anbauen, dass zu Anfang die ganze Farm ausschließlich aus Futterpflanzen bestand, die auf dem steinigen Boden nur sehr karg wuchsen. Ich weiß noch, wie
erstaunt ich war, wie viel Futter diese Tiere benötigten. Ihre Pflege lag mir sehr
am Herzen. Nicht jedem wollte ich diese Aufgabe anvertrauen. Ich war unglücklich, weil sich niemand fand, der richtig mit ihnen umgehen konnte. Schließlich
übertrug ich Isa, dem jungen Mann, der mir schon beim Bau des Rundhauses
tatkräftig geholfen hatte, die Aufgabe, auf die Kühe zu achten und sie zu füt-
tern. Ich selbst wollte mich verstärkt um die Kompostwirtschaft kümmern. Das
konnten die Beduinen nicht, da sie keine Stallhaltung kannten, und Fellachen
dafür zu finden, war nicht einfach. Die Kühe brauchten einen Stall, der Schutz
und Schatten bot. Aber wie sollte ein Stall hier in Ägypten aussehen? So wie ich
Ställe aus Europa kannte, war es für die hiesigen Verhältnisse zu aufwändig. So
mussten wir uns eine Zeitlang mit Zwischenlösungen abfinden. In dieser Zeit
sehnte ich mich nach jemandem, der sich wirklich fachmännisch um die Tiere
kümmerte.

Die Einrichtung der Kompostbereitung, eine Grundbedingung der biologisch-dynamischen Landwirtschaft, war mit gewaltigem Aufwand verbunden,
dessen Sinn und Bedeutung die Menschen um mich herum überhaupt nicht erfassen konnten. Warum das alles? Der Tierdung hätte doch direkt auf die Erde
gegeben werden können, warum also so viel Handarbeit durch das Schichten

und Umschichten des Komposts? All das war ihnen völlig fremd. Von Georg Merckens hatte ich die biologisch-dynamischen Kompostpräparate mitgenommen, mit denen der Kompost aufbereitet wird. Das Präparieren der Komposthaufen und das Ausbringen von Kiesel und Hornmist auf die Felder waren für mich wichtige Handlungen, auf deren sorgfältige Ausführung ich ständig achtete. Zu den Kühen kamen noch Schafe und Tauben hinzu. Die hohen weißen Taubenhäuser gehören in Ägypten zum Landschaftsbild. Neben den Stallungen waren sie die ersten Bauten auf dem Gelände.

Die Bäume auf dem Gelände waren schon drei Jahre alt und hatten bereits eine stattliche Höhe erreicht, die nicht mehr von den gefräßigen Ziegen erreicht werden konnte. Als ich eines Tages wie immer in der Frühe aus Kairo angefahren kam, traute ich meinen Augen nicht: Ich sah, dass Bulldozer Tausende von Bäume niedergerissen hatten. Soldaten mit Maschinengewehren empfingen mich mit argwöhnischen Blicken. Ich erfuhr, dass ein General angeordnet hatte, aus dem Gebiet, das durch uns überhaupt erst mit Wasser erschlossen worden war, ein Militärgebiet zu machen. Ohne weitere Verhandlungen wollte man mich einfach verjagen. Das kam für mich einer Kriegserklärung gleich! Mein jähzorniges, cholerisches Temperament schoss auf, und nachdem ich durch entschiedenes Auftreten und lautstarken Protest die weitere Zerstörung einstweilen gestoppt hatte, musste ich nun in Kairo auf diplomatischem und politischem Parkett Lösungen suchen.

Nun galt es, vorerst meine direkte Arbeit in der Wüste zurückzustellen und für den Fortbestand meines Projektes zu kämpfen. In dem ägyptischen Präsidenten Sadat hatte ich ja einen guten Freund aus Jugendzeiten, den ich nun aufsuchte. Im Regierungspalast traf ich auch auf Minister Shabaan, den Bürochef des damals stellvertretenden Präsidenten Mubarak. Ich erzählte ihm, was vorgefallen war, und er versprach, mir zu helfen. Ich war so zornig und wütend, dass ich allen das Leben zur Hölle machte und den Minister immer wieder besuchte oder anrief, um eine Lösung zu erreichen. Trotzdem dauerte es Wochen, bis sich die ganze Militärmaschinerie von der Farm wieder wegbewegte. – Den Begriff Schadensersatz gibt es in Ägypten nicht; das Höchste, zu dem man bei einem Fehler bereit ist, ist eine Entschuldigung. Der verantwortliche General bedauerte mir gegenüber sein eigenmächtiges Vorgehen und ich nahm seine Entschuldigung an. Später wurde er versetzt. Sein Nachfolger General Ali Siku wurde gleich von Beginn an mein Freund. Wir besuchten uns gegenseitig, lernten uns kennen und gründeten auf dreitausend Hektar Wüste eine Kooperative mit Landstücken für Offiziere. Ich hatte nämlich erfahren, dass der versetzte General einen solchen Plan verfolgt hatte und mich aus diesem Grund hatte vertreiben wollen. Nun griff ich sein eigentliches Anliegen selbst auf und bot es dem neuen General Ali Siku an. Ich machte ihm aber klar, dass man mit diesem Vorhaben nicht ausgerechnet dort beginnen müsste, wo ich bereits war. Wir einigten uns und beschlossen, gute Nachbarn zu werden. Ich unterstützte ihn materiell und konzeptionell beim Aufbau der Kooperative, für die das Land um SEKEM in viele kleine Parzellen von fünf bis zehn Hektar für jeden Offizier eingeteilt wurde. Was rund um uns heute bebautes grünes Gelände ist, gehört zu dieser Kooperative.

BEGEGNUNGEN

Es waren immer konkrete Begegnungen, durch die ich neue Helfer fand, die dann eine Zeit lang mitarbeiteten. Nach drei Jahren des Aufbaus, es war im Herbst 1980, besuchte mich einmal eine Lehrerin aus Deutschland, Monika Kuschfeld. Sie bot in ihrem Freijahr ihre Hilfe an. Ihr Interesse lag im Bereich sozialer Fragen. Sie wohnte einige Wochen auf der Farm und fragte mich immer wieder, was ich eigentlich vorhätte. Und ich erzählte wieder von meiner Vision, dass Ärzte, Pharmazeuten, Lehrer, Landwirte, Buchhalter und Techniker kommen müssten, um etwas aufzubauen, was für die Menschen hier in Ägypten Arbeits- und Bildungsmöglichkeiten schaffen würde. Monika Kuschfeld konnte meine Ausführungen nicht recht fassen, weil ja noch nichts von dem, was ich erzählte, real existierte. Schließlich verließ sie die Farm und fuhr nach Luxor ins Tal der Könige, um das alte Ägypten kennen zu lernen.

In der Säulenhalle von Karnak traf sie auf Elfriede Werner und Frieda Gögler, die gerade mit einer Reisegruppe aus Süddeutschland Ägypten besuchten. Sie machte die beiden darauf aufmerksam, dass in der nordöstlichen Wüste bei Kairo ein Ägypter dabei war, eine Farm mit dem Namen SEKEM aufzubauen und dringend Menschen suchte, die ihm in der biologisch-dynamischen Landwirtschaft, in der Pharmazie und in der Medizin helfen könnten. Elfriede Werner setzte sich trotz vieler Hindernisse dafür ein, im Rahmen der Reise von Kairo aus eine Gruppenfahrt zu organisieren. So trafen eines Mittags Ende Januar des Jahres 1981 zehn Ägyptenreisende in SEKEM ein. Vor der Tür des Rundhauses empfing ich die Besucher mit offenen Armen und den spontanen Worten: »Ich wusste, dass ihr kommt!« Elfriede Werner und ich erlebten dies als eine besondere Begegnung, deren Intensität sich auch auf ihren Mann, den Arzt Dr. Hans Werner und auf Frieda Gögler übertrug. Denn sie hatte in mir das Bild erkannt, das sie in der Nacht zuvor geträumt hatte. Und auch mir war sie nicht fremd, sondern tief vertraut. Alle drei fassten den spontanen Entschluss, SEKEM zu helfen. Nach Stuttgart zurückgekehrt, erzählten sie ihren Freunden von ihren Erlebnissen. Sie bemühten sich sofort, die in der Tierhaltung erfahrene Angela Hofmann für SEKEM zu gewinnen. Im Herbst desselben Jahres entschieden sich dann auch mein Sohn Helmy und seine Frau Konstanze, nach ihrer Hochzeit nach SEKEM zurückzukommen.

Doch im Laufe des Jahres 1985 spürte ich, dass der Schwung, der mich bisher getragen hatte, nachließ und ich an Grenzen zu stoßen begann. Unglücke begannen sich zu häufen, von denen ich eines erzählen will: Für die vielen Kräuter, die nach SEKEM geliefert wurden, brauchte ich dringend eine Lagerhalle. Ich hörte, dass in Kairo eine von den Engländern zurückgelassene Halle zu erwerben war. Sie maß 40 x 60 Meter, war also mit 2400 Quadratmetern ein riesengroßer Bau! Über Roland Schaette hatte ich mittlerweile den Karlsruher Architekten Winfried Reindl kennen gelernt, der zu baulichen Planungsarbeiten mit einer Gruppe begeisterter junger Leute nach SEKEM gekommen war. Ich fragte ihn, ob und wie diese Halle aufgestellt werden könnte. Er sah sie sich an und kehrte etwas unglücklich zurück, weil sie nicht gerade günstig konstruiert war und gewaltige Fundamente brauchte. Seinen Plänen entsprechend begannen die Erd- und Fundamentarbeiten, während in Kairo die Halle abmontiert wurde. Die Schwierigkeiten beim Abbau und Transport waren unvorstellbar. Da ich gerade während dieser Zeit besonders viel mit Aufgaben in meinem Büro zu tun hatte, konnte ich die Montagearbeiten, vor allem den Wiederaufbau, nicht jeden Tag mitverfolgen.

Eines Tages, nachdem die Halle schon gedeckt war, schreckte mich in meinem Büro ein Anruf hoch: »Dr. Ibrahim, kommen Sie schnell! Die Halle ist zerstört!« Als ich hinausgerast kam, lag alles am Boden. Der ganze Bau war wie ein Kartenhaus in sich zusammengefallen und die Leute schrien durcheinander. Gott sei Dank war niemand zu Schaden gekommen, weil sich zur Zeit des Einsturzes keiner im Inneren aufgehalten hatte. Von den acht Meter hohen Eisenstützen war nichts mehr zu gebrauchen. – In Ägypten kann man niemanden nach einem solchen Vorfall zur Rede stellen; man trägt als Unternehmer die Verantwortung selbst. Ich ließ allerdings nachforschen und erfuhr, dass die Arbeiter beim Aufbau die Schrauben am Säulenfundament, aus welchem Grund auch immer, nicht richtig festgezogen hatten. An solchen Ereignissen merkte ich, dass ich mehr wollte, als ich allein vermochte, und dass mir Menschen fehlten, die mich wirklich verlässlich unterstützten.

Doch es gab auch immer noch Schönes. Zu den Lichtblicken dieser Monate gehörte, dass meine Schwiegertochter Konstanze ihr erstes Kind erwartete. Immer, wenn wir uns sahen, suchten wir gemeinsam nach einem Namen – sie wünschte sich ein Mädchen. Am 4. Februar kam meine erste Enkeltochter Sarah zur Welt.

Unter den gewaltigen Anforderungen, die der Alltag an mich stellte, begann sich in dieser Zeit meine Vision zu verdunkeln. Von allen Seiten bauten sich Hindernisse auf, die einen fürchterlichen seelischen Druck erzeugten. Monate-

Hans Werner (oben links), Elfriede Werner und Ibrahim Abouleish (oben rechts),
Angela Hofmann, Eissa und die ersten ägyptischen Kühe (unten)

lang gab es kein Projekt, aus dem ich hätte Hoffnung schöpfen können und wo der Weg weitergegangen wäre. Dazu kamen viele menschliche Enttäuschungen. Auf der Farm lief nichts, wie es sollte, und ich hätte an allen Stellen gleichzeitig präsent sein müssen, um Unheil abzuwenden. Beinahe 24 Stunden lang setzte ich mich mit einer Katastrophenmeldung nach der anderen auseinander. Dazu kam, dass ich mich durch all diese Probleme ständig mit Äußerlichkeiten beschäftigen und meine geistig-meditative Arbeit, die mir seit meiner Jugend eine innere Kraftquelle gewesen war, vernachlässigen musste. Einen Monat lang wurde mir diese innere Versenkung ganz unmöglich. Ich fühlte mich in dieser Zeit abgeschnürt von der geistigen Welt und tief versunken in irdische Probleme. Aber im Grunde war ich es selbst, der sich so sehr hinabziehen ließ, dass kein tröstendes geistiges Wort mich mehr erreichen konnte. Mein Schicksal wollte eine Wende.

ATEMHOLEN

Kurz vor meinem neunundvierzigsten Geburtstag wurde ich zum ersten Mal in meinem Leben ernstlich krank. Nach den sieben Jahren Aufbauarbeit, während denen ich selten ausreichend Schlaf gehabt hatte, erscheint mir dies heute nur zu verständlich. Ich hatte aber die ganzen Jahre über aus dem Gefühl heraus gearbeitet, dass ich dieser auf das Ganzheitliche ausgerichteten Initiative SEKEM genug Energie aus dem Übermaß an Lebenskräften, die ich in mir verspürte, mitgeben musste. Nun erkannte ich meine Grenzen und erkrankte schwer.

Nachdem ich in Deutschland einigermaßen wieder hergestellt war, machten mich meine Freunde Elfriede und Hans Werner mit dem Pädagogen Klaus Fintelmann bekannt. Er war der Mitbegründer der Hibernia Schule im Ruhrgebiet, die durch ein besonderes beruflich orientiertes Konzept in der Oberstufe bekannt ist. Mit ihm entwickelte ich einige Jahre später das Konzept der SEKEM Schule. Nach einem halben Jahr Genesungszeit brachten mich meine Freunde nach SEKEM zurück. Helmy hatte die ganze Zeit über mit intensiver Unterstützung von Gudrun und Mona meine Stellung übernommen und war an dieser Aufgabe gewachsen. Auf einer Versammlung aller Mitarbeiter sollte ich von meiner Krankheit und den damit verbundenen Erlebnissen erzählen. Anschließend stand ein ägyptischer Mitarbeiter spontan auf, umarmte Hans und dankte ihm im Namen aller anderen, dass er »ihren Doktor« wieder hergestellt hatte.

Gudrun und Ibrahim Abouleish, um 1987

Nach meiner Krankheit wollten wir die gesamte Initiative neu gestalten. Dafür sollte ein Grundstein gelegt werden. Das Fest der Grundsteinlegung wurde mit Musik und Rezitationen aus dem Koran begangen. Nach der Unterzeichnung des Grundsteindokumentes durch alle Beteiligten wurde der Grundstein geschlossen und im Mittelraum des Rundhauses versenkt. Jeder der Anwesenden war sich der Wichtigkeit dieses Augenblickes bewusst.

DRITTER TEIL

»Allah ist der Spalter des Samenkorns und Fruchtkorns.
Er zieht das Lebendige aus dem Toten und zieht das Tote aus dem Lebendigen.«

Sure 6 Vers 95

SEKEM –
EIN VIELFÄLTIGER SOZIALER ORGANISMUS

1. WIRTSCHAFTLICHE GRÜNDUNGEN

ASSOZIATION ZWISCHEN ÄGYPTEN UND EUROPA

Einmal jeden Monat gibt es ein Treffen aller mit SEKEM zusammenarbeitenden Bauern im Saal der SEKEM Akademie. Jedes Mal bietet sich dort ein eindrucksvolles Bild, wenn rund zweihundert hochgewachsene, kräftige Männer mit gewaltigen Bärten in langen Galabeyas sich erheben und oft mit Tränen in den Augen zum Ausdruck bringen, wie sehr sie sich von SEKEM getragen fühlen. In ihren schlichten, aber von Herzen kommenden Worten schwingt mit, wie sie in SEKEM ein Ideal des Wirtschaftslebens verwirklicht sehen, das auf Brüderlichkeit und nicht auf Konkurrenz und Egoismus gegründet ist.

Für einen solchen Wirtschaftsansatz genügen Idealismus und guter Wille allein nicht. Als ich noch vor meiner Rückkehr nach Ägypten mit Georg Merckens durch Italien gefahren war und die landwirtschaftlichen Höfe besucht hatte, war mir rasch klar geworden, dass eine der wichtigsten Voraussetzungen für ein erfolgreiches Wirtschaften bei allem, was ich kennen lernte, doch fehlte: das Bewusstsein für Assoziationen. Wie funktioniert eine solche Assoziation? Alle an einem Wirtschaftsprozess Beteiligten, angefangen von den Produzenten (zum Beispiel den Bauern) über die Vorarbeiter und Händler (Großhandel, Einzelhandel) bis zu den Konsumenten bilden eine Kette, in der die Ware weitergegeben wird. Dabei erhält das Produkt einen Mehrwert. Heutzutage ist es meist so, dass keiner in der Kette von den Lebens- und Arbeitsbedingungen der beteiligten Partner weiß. Diese Anonymität bewirkt, dass jeder nur sich selbst und seinen eigenen Vorteil im Auge hat und für sich in Bezug auf seinen eigenen Verdienst bei der Preisbildung den größtmöglichen Gewinn erzielen möchte. An jeder Schaltstelle der Kette wird deshalb der Preis gedrückt. Zuletzt tun dies auch die Konsumenten, die aus ihrer Unkenntnis der Produktionsvorgänge heraus meist einfach das billigste Produkt wählen.

In einer Assoziation, so wie ich sie mir vorstelle, wird nun die gesamte Mehrwertkette transparent gemacht. Sie beginnt beim Konsumenten. Er wird gefragt, in welcher Qualität er welches Produkt wünscht und was er bereit wäre, dann dafür zu bezahlen. Die Händler ihrerseits bestimmen von diesem bekannten Endpreis einen Prozentwert für sich, der abgezogen wird. Zuletzt erhält der Produzent einen Preis, der ihm auch in seinen Entstehungsbedingungen bekannt ist. Alle in der Assoziationskette Beteiligten verpflichten sich, die Preisvereinbarungen einzuhalten und dem Konsumenten das Produkt so zu liefern, wie er es wünscht. Eine Assoziation baut also auf Vereinbarungen auf, die allen Beteiligten Sicherheit geben. Die Grundlage der Assoziation ist somit das gegenseitige Vertrauen oder mit anderen Worten: ein auf Brüderlichkeit gegründetes Wirtschaften. Alle am Wirtschaftsprozess Beteiligten kennen sich und wissen, dass sie von einander abhängig sind.

Die Assoziationsketten von SEKEM sind Schritt für Schritt und immer durch persönliche Begegnungen entstanden. Hier ist an erster Stelle die freundschaftliche Beziehung zu Roland Schaette zu erwähnen, der von Anfang an beim Aufbau der Assoziationen mitwirkte und durch den wir immer wieder Inspirationen für weitere pharmazeutische Produkte erhielten.

Nachdem die Extraktion von Ammi majus durch die Firmenaufgabe des amerikanischen Unternehmens beendet worden war, begannen wir 1983 in bescheidenem Umfang mit dem Anbau von Heilkräutern, die zunächst zu Teemischungen verarbeitet wurden. Dieses Geschäft wünschte ich bald in einem viel größeren Maßstab ausbauen zu können. Gerade zu dieser Zeit lernte ich Ulrich Walter kennen, der damals in Deutschland seinen Betrieb »Lebensbaum« für ökologische Produkte begann und nach qualitätsvollen Heilkräutern suchte. Mit der Unterstützung durch die GLS-Gemeinschaftsbank in Bochum gelang es allmählich, eine vollständig auf Transparenz gegründete Assoziationskette aufzubauen. Ulrich Walter war oft in Ägypten und unterrichtete sich über die Arbeitsbedingungen und Produktionsabläufe vor Ort. Die Nachfrage der Konsumenten wuchs und wir suchten weitere Ländereien, auf denen Bauern Heilkräuter anbauen konnten. Durch den Marktsog bildete sich so das Angebot. Dadurch expandierte auch die Firma »Lebensbaum«.

Über das Geschäft mit Frischgemüse, dessen Aufbau ich noch näher beschreiben möchte, lernte ich Volkert Engelsmann (Gründer der Firma EOSTA) aus Holland kennen, der mit SEKEM zusammen eine Assoziation für den Frischgemüsevertrieb einrichtete. Der erste Partner des Geschäftes mit Baumwollkleidung war Heinz Hess, Gründer des Ökotextilversandes Hessnatur, den ich in Frankfurt besuchte und der uns außerordentlich ermutigte, diesen für SEKEM neuen Wirtschaftszweig zu beginnen. Über Winfried Reindl lernte ich Dr. Götz Rehn, den Begründer der Alnatura-Handelskette für biologische Lebensmittel kennen, der mit uns eine Zusammenarbeit begann. Außerdem ist in diesem Zusammenhang Peter Segger aus England zu nennen, der mit seiner Firma »organic farm foods« SEKEM in den englischen Markt einführte. Ulrich Walter gehörte mit seinem Unternehmen »Lebensbaum« auch zu den ersten Assoziationspartnern und stellte die Verbindung zu Bart Koolhoven her. Beide gründeten mit SEKEM die Firma Euroherb. Auch Thomas Hartung (Gründer der Firma Aarstiderne) aus Dänemark stieß dann später dazu. Die fachmännische Koordination der Assoziationen übernahm schon bald Helmy. Er gründete mit allen Beteiligten die Assoziationsgemeinschaft IAP, die International Association for Partnership, in der die Partner sich aufeinander verlassen können. Alle Unternehmungen profitierten enorm von diesem Vertrauen und konnten ihre Betriebe ausbauen. Ich weiß oftmals nicht, ob ich es Glück nennen soll, dass ich all diesen prachtvollen, genialen Menschen begegnete, oder ob der Himmel jemandem, der nach einem Ideal strebt, hilft? Die Menschen unserer Assoziationen hielten trotz größter Schwierigkeiten und Anfechtungen zusammen, die, wie man sich leicht denken kann, immer entstehen, wenn neue Wege in einem völlig anders gearteten Umfeld betreten werden. Aufgetretene Probleme wurden immer mit großer Offenheit besprochen.

EIN BESUCH AUS ZYPERN

Eines Tages meldete sich im Sekretariat meines Kairoer Büros ein Herr aus dem griechischen Teil Zyperns an. Ein spritziger, aktiver Unternehmer erzählte von einem großartigen Projekt, das er in meinem Geburtsort Mashtul in Ägypten aufgebaut hätte. Er habe weite Ländereien in einen Gemüsehandel verwandelt, ein Packhaus gebaut und Kühlwagen angeschafft, die diese Frischwaren zum Flughafen bringen, von wo aus sie nach England transportiert werden. Von allen ägyptischen Banken war ihm geraten worden, eine Partnerschaft mit SEKEM anzustreben. Ich überlegte: SEKEM produzierte Frischgemüse bislang nur für den Eigenbedarf. Sollten wir mit einem Frischgemüse-Handel beginnen? – Während ich ihm zuhörte, spürte ich, dass das, was er aufgebaut hatte, genau das war, was ich schon immer wollte – frische Lebensmittel vertreiben. Als ich hörte, dass er sein Gemüse mit Kunstdünger und Hybridsamen anbaute, kämpften zwei Seelen in meiner Brust: Auf der einen Seite stand die Erfahrung, die der Mann mit dem Frischgemüsegeschäft schon gesammelt hatte, auf der anderen meine Ablehnung gegenüber den konventionellen Anbaumethoden. Ich entschied mich rasch – für ihn! Denn seine Erfahrungen waren mir wertvoll, alles andere würde später verändert werden müssen.

Gemeinsam gründeten wir die Firma LIBRA. SEKEM beteiligte sich daran mit 50 Prozent. Durch diese Kooperation lernten wir Wertvolles über Logistik und Kundenbetreuung. Mister Takis besuchte SEKEM öfter und wir ergriffen die Gelegenheit, ihm immer wieder die biologisch-dynamische Wirtschaftsweise nahe zu bringen und ihre Auswirkungen auf die Gesundheit der Menschen und der Erde anzusprechen. Im Grunde sah er die Schäden, die durch die konventionelle Landwirtschaft am Boden entstanden; aber in erster Linie war er Geschäftsmann, der seine Gewinne im Blick hatte. Durch den biologischen Landbau, so meinte er, würden die Produkte unbezahlbar teuer.

Mittlerweile hatte ich mich mit Volkert Engelsmann, unserem holländischen Geschäftspartner, und Georg Merckens beraten und Helmy einbezogen. Nach einem positiven Echo begannen wir auf Farmen außerhalb von SEKEM mit dem Gemüseanbau.

Trotz vorherigen Beobachtens und Lernens wurde LIBRA ein Unternehmen, bei dem wir sehr viel Lehrgeld zahlen mussten. Anfangs war es kaum möglich, in Ägypten die Samen jener Gemüsesorten zu bekommen, die die europäischen Kunden haben wollten. Hinzu kam, dass die Erträge wegen der Umstellung anfangs nur halb so groß waren, wie wir errechnet hatten. Viele Insektenkontrollen erschwerten die Umstellung und zu alledem zerfetzte ein tagelanger Sandsturm die Gewächshäuser und machte die Mühe zunichte.

Helmy war ständig zu Beratungen mit den Bauern unterwegs. Die Defizite stiegen, nur weil wir uns beide ohne landwirtschaftliche Erfahrung das Geschäft mit biologischem Frischgemüse in den Kopf gesetzt hatten. Aber wir wollten auch auf diesem Gebiet für Ägypten Vorbild sein und beweisen, dass der Anbau biologischer Nahrungsmittel möglich ist. Jedes Mal, wenn etwas schief ging oder wir auf die roten Zahlen sahen, schauten wir uns an und schlugen unsere Handflächen freundschaftlich aneinander: »Wir schaffen es! Weitermachen, nicht aufgeben!« Manchmal sagten wir uns lachend: »Hätten wir doch nur eine Schraubenfabrik. Wir wären Milliardäre bei unserem Einsatz!« Wir waren uns sicher: Die guten Geister würden uns nicht verlassen.

Die Eingangskontrollen des angelieferten Gemüses sowie die Verpackung und den Vertrieb übernahm die neu gegründete Firma HATOR. Dieser Geschäftszweig brauchte für den weiteren Aufbau ein Genie auf logistischem Gebiet mit viel Durchsetzungskraft. Es musste darauf geachtet werden, dass die Ware rechtzeitig vom Feld angeliefert wurde, um gesäubert und verpackt zu einem zuvor vereinbarten Zeitpunkt (zu dem auch die notwendigen Zollpapiere vorliegen mussten), die Flugzeuge und Schiffe nach Europa zu erreichen – beziehungsweise täglich die Lebensmittelgeschäfte in Ägypten. Dabei war eine Koordinierungsfähigkeit mit fast militärischer Exaktheit gefordert, da sonst durch verdorbene Lebensmittel großer finanzieller Schaden entstanden wäre. Mit unermüdlichem Einsatz und konsequenter Haltung schulte meine Frau Gudrun ihre Mitarbeiter, ungefähr 70 junge Mädchen. Im Mahad, unserem Zentrum für Erwachsenenbildung, das 1987 gegründet worden war, hielt sie Trainingskurse ab und vermittelte die notwendigen Hygienemaßnahmen, die beim Umgang mit Lebensmitteln erforderlich waren, angefangen vom Händewaschen über das Anziehen von Handschuhen bis zum Tragen von entsprechender Schutzkleidung und Hauben. Bei den Bauern, die das Gemüse lieferten, achtete sie auf die Qualität der Ware, auf die sachgerechte Kühlung und den raschen Ablauf aller nötigen Vorgänge.

Die Zusammenarbeit mit Mister Takis beendeten wir schließlich in beiderseitigem Einvernehmen, denn er wollte eigene geschäftliche Wege gehen. Wir waren dankbar, von ihm die Bedingungen des Frischgemüsegeschäftes gelernt zu haben.

LIBRA MUSS LEBEN

Für den Anbau von Heilkräutern pachtete SEKEM weitere Ländereien in ganz Ägypten. Eine Werbekampagne im Fernsehen und in den lokalen Medien, in denen über Umwelt und Gesundheitsfragen berichtet wurde, machte die Firmen SEKEM und ISIS und ihre Teeprodukte landesweit bekannt. Daraufhin erreichten uns viele Anfragen nach dem biologisch-dynamischen Anbau, unter anderem auch von Chaled Abuchatwa, einem Großgrundbesitzer und Ingenieur aus dem Norden Ägyptens. Er war von der Idee so begeistert, dass er gleich anfing, auf seinen Ländereien biologische Heilkräuter anzubauen. Er stammte aus einer bekannten Familie und genoss hohes Ansehen. Seine Nachbarn sahen über den Zaun und fragten: »Was geschieht bei dir? Kein Kunstdünger? Keine Pestizide? Es duftet gut.«

Mit dem Interesse der Bauern an der biologisch-dynamischen Wirtschaftsweise kam auf uns die Aufgabe zu, die Landwirtschaft und Vermarktung über den Heilkräuteranbau hinaus auf weitere Produkte auszudehnen. Für den erweiterten Anbau landwirtschaftlicher Produkte nahm SEKEM noch einmal Ländereien in ganz Ägypten hinzu und stellte 70 Landwirte ein. Nun hat die Landwirtschaft ihre ganz eigenen Rhythmen und dadurch eine besondere Umsatzgestaltung: Eine Saison lang, für neun bis zehn Monate, muss nur investiert werden – die Zeit, in der das Produkt heranwächst, geerntet, getrocknet und verarbeitet wird – bis eine »Ware« herangereift ist, die Geld bringt. Dieses Geschäft mit landwirtschaftlichen Produkten übernahm die Firma LIBRA.

Einer der bedeutendsten Baumwollhändler Ägyptens war seinerzeit mein Großvater väterlicherseits gewesen. Seine rechte Hand, der Mann, der die riesigen Baumwolllager verwaltete, hieß Abdullah Lefef. Eines Tages tauchte bei mir ein junger Landwirt namens Ahmed Rashad auf, der sich als Enkel jenes Abdullah vorstellte. Ich stellte ihn sofort bei LIBRA ein. Ahmed engagierte sich mit einer bewundernswerten Ruhe für die neuen Aufgaben und verwaltete ohne Hektik den schwierigen Anbau der landwirtschaftlichen Produkte. Er arbeitete eng mit Georg Merckens zusammen und lernte von ihm auf gemeinsamen Reisen durch das ganze Land die Grundlagen der biologisch-dynamischen Wirtschaftsweise. Für die Schulung der Bauern bei der Umstellung ihrer Farmen auf das biologische Wirtschaften waren wir eine Zeit lang ein herrliches Dreiergespann: Wenn Georg Merckens zu den Bauern sprach, übersetzte ich und fügte Verse aus dem Koran ein, die die Seelen der Menschen für das Neue des biologischen Landbaus öffnen sollten. Und Ahmed, als einer der ihren, wirkte wie ein soziales Verbindungsglied. »Wir werden von Allah nicht nur aufgerufen, die Erde, die ER uns übergeben hat, zu pflegen, sondern auch zu heilen, was zerstört wurde«, sagte ich sinngemäß. Wenn die Pflanzen in ihrem Wachstum durch Kunstdünger beeinflusst werden, dann ziehen sie viel mehr Wasser in ihre Früchte, bilden aber weniger Vitamine, die wir für unsere Ernährung brauchen. Im Koran wird nun zwischen zwei Qualitäten der Nahrungsaufnahme unterschieden: zwischen erlaubtem Essen – es wird »halel« genannt – und köstlichen Speisen, die »tajeb« bezeichnet werden. So ist es in der Sure 16 »Die Biene« ausgeführt. Nach meinen bildhaften Worten erklärte Georg Merckens den Bauern die Kompostherstellung und die Tierhaltung. Weitere wöchentliche Schulungen erhielten die Männer auf der SEKEM-Mutterfarm im Mahad.

Trotzdem gestaltete sich die Umstellung auf das biologisch-dynamische Wirtschaften auf jeder einzelnen Farm schwierig. Die praktische Handhabung des biologischen Landbaus verlangt ein Bewusstsein, das vorausschauend und in Zusammenhängen denken kann. Der Begriff der Prävention ist aber den meisten Ägyptern noch völlig unbekannt. Wir rechneten also mit mindestens zwei bis drei Jahren, während der die Misserfolgsrate sehr hoch sein würde. Wenn ich am Ende eines Jahres mit Ahmed und Helmy die Bilanz von LIBRA anschaute und wir trotz strengster Schulung und Führung der Mitarbeiter die Defizite sahen, dann sagten wir uns immer wieder: Wer ist heutzutage schon bereit, in ein Ideal zu investieren! Aber irgendjemand in Ägypten muss bei der Umstellung auf die biologische Wirtschaftsweise Vorbild sein, die Möglichkeit ihrer Verwirklichung zeigen und bereit sein, sie finanziell zu tragen. Das ist LIBRA! Außerdem gibt uns diese Arbeit die Möglichkeit, Menschen zu schulen, Heilsames für die Erde zu leisten und die Idee der biologisch-dynamischen Wirtschaftsweise in der Realität zu erproben. Nach solchen Überlegungen blickten wir uns in die Augen und entschieden jedes Jahr neu: LIBRA muss leben!

Ahmed stand immer wieder vor neuen Schwierigkeiten. Beispielsweise ließ LIBRA Kartoffeln anbauen und 2000 Tonnen nach Europa transportieren. Davon wurden 200 bis 300 Tonnen abgelehnt, weil sie nicht der Normgröße entsprachen. Die Ware musste abgerufen und mit Verlust verkauft werden. Ein anderes Mal war für einen Transport von Zwiebeln schon Monate im Voraus der Platz auf einem Containerschiff gebucht worden. Als sich die Ernte verspätete und der Platz auf dem Schiff leer blieb, wurde er natürlich trotzdem in Rechnung gestellt. Wenn die Leute die riesigen Lastwagenkolonnen mit landwirtschaftlichen Produkten sahen, die SEKEM belieferten oder verließen, meinten sie manchmal, wir seien die reichsten Menschen der Welt. Welch ein Irrtum!

Um das Gemüsegeschäft auszubauen, ließ LIBRA mit enormem Aufwand Gewächshäuser bauen, damit auch im Winter Gemüse nach Kairo oder Europa geliefert werden konnte. Dazu wurden die teuren Samen, die nicht per Kilo, sondern pro Same eingekauft werden mussten, in Frühbeeten vorgekeimt, pikiert und als Sämlinge in die vorbereiteten Gewächshäuser gepflanzt. Nun kam es vor, dass Bauern für etwa 100.000 Pfund Gurkensamen gekauft hatten, die nicht keimten, weil der Same entweder zu alt oder »falsch« war. Die Gewächshäuser waren gerichtet, die Bestellungen schon Monate vorher eingegangen, und es wuchs nichts oder nach einem weiteren Keimungsversuch mit neuen Samen erst verspätet. Welch hohes Risiko für unsere landwirtschaftlichen Partner!

Wir bemühten uns hier, eine gerechte Lösung für die Menschen zu finden, die nach Kräften versuchten, sich in die neue Wirtschaftsweise einzuarbeiten und bereit waren, dadurch ihre Anstrengungen zu einer Heilung der Erde mit biologischen Mitteln einen Beitrag zu leisten. Deswegen wurden schon vorher mit den Bauern gerechte Preise vereinbart und eventuelle Verluste von SEKEM oder LIBRA getragen. Die Preise, die natürlich dieses Risiko wenigstens zu einem Teil beinhalten mussten, teilten wir unseren Handelspartnern in Kairo und Europa mit, die dadurch von den Überlebensbedingungen der ägyptischen Landwirte erfuhren und somit ihren Teil der Umstellung auf die biologisch-dynamische Wirtschaftsweise mittrugen. Ich wollte eine Transparenz der Preisbildung bis zum Konsumenten erreichen, wie es meinem Verständnis des Begriffs einer »Assoziation« entsprach. Natürlich konnten nicht alle Geschäftsrisiken bei der Preisbildung berücksichtigt werden, da sonst die Produkte für die Konsumenten zu teuer geworden wären. Hier musste wieder LIBRA ausgleichen.

Die Bauern brauchten Investitionen für Kühe, Ställe und Kompostvorrichtungen, für Transportmittel, Trocknungsanlagen und den Aufbau von Kommunikationssystemen und nicht zuletzt für den Bau eigener Wohnhäuser. Hinzu kommt, dass Ägypten sehr hohe Bodenpreise hat, da es nur aus einem schmalen fruchtbaren Streifen beiderseits des Nil besteht und aus endloser Wüste, bei deren Bewirtschaftung enorme Bewässerungskosten auf die Preise aufgerechnet werden müssen. All diese Kosten für Investitionen und Schulungen, für die

Unterstützung bei der Umstellung und bei Anbauverlusten bedeuteten für die Firma LIBRA insgesamt enorme finanzielle Defizite. Trotzdem half und hilft LIBRA den Bauern weiter und garantiert ihnen ihre Preise.

Wieder waren Helmy und ich uns am Ende eines Jahres einig, dass es gelungen war zu zeigen, dass totes Land durch das biologisch-dynamische Wirtschaften belebt werden kann und Menschen über die Arbeit Bildung und Schulung erfahren. Wenn wir diese Resultate gegen die Verluste abwogen, konnten wir zufrieden sein. Es handelte sich nicht um ein verlorenes Geschäft. Geld und Mühe würden sich auszahlen. Für mich bedeutete LIBRA einen Gewinn, trotz roter Zahlen: LIBRA muss weiterleben! – Am Ende eines jeden Jahres glichen wir die Schulden von LIBRA durch die Gewinne unserer in der Zwischenzeit aufgebauten Firmen oder durch Bankkredite aus. Kein Bankdirektor hatte nach einem Besuch auf SEKEM und sorgfältiger Prüfung mehr Zweifel an der Wichtigkeit unserer Arbeit.

Immer dringlicher zeigte sich die Notwendigkeit einer kompetenten Ausbildung, um die Bauern fähiger und wacher für die Verbesserung des Bodens, die rechtzeitige Behandlung bei Insektenbefall und die Kompostbereitung mit den Präparaten zu machen. Als später der Anbau von Baumwolle dazukam, wurde für die Aufgabe der Schulungen die EBDA, die »Egyptian Bio-Dynamic Assoziation« als Non-Profit-Organisation gegründet. Sie erhielt außerdem den Auftrag, Landwirtschaftsberater auszubilden und auf die Farmen zu schicken.

Vor ein weiteres Problem stellte uns damals die Tatsache, dass ein biologisches Produkt ohne Zertifizierung auf dem Markt keine Chance hat. Dieser Anforderung stellten wir uns schon früh, indem wir unsere Produkte durch das Schweizer Institut für Marktökologie (IMO) inspizieren und zertifizieren ließen. Dabei war uns klar, dass LIBRA die hohen Tagessätze der Inspektoren nicht lange würde verkraften können. Helmy trat nun mit dem DEMETER-Bund in Deutschland in Kontakt und bis 1990 gelang es, die COAE (Centre of Organic Agriculture in Egypt) zu gründen, eine unabhängige Firma, die heute Farmen in ganz Ägypten, im Iran und Sudan inspiziert und zertifiziert.

Beim Aufbau des biologischen Anbaus erhielten wir immer wieder Hilfen von Menschen in Ägypten. Mohammed Gaballah, studierter Landwirt aus Fayum, hörte von der Idee der biologischen Wirtschaftsweise und fing Feuer. Er selber hatte nur eine kleine Fläche Land. Was tat er? Er besprach sich mit allen um sein kleines Gelände lebenden Verwandten, Freunden, Nachbarn und gründete eine Kooperative. So legten 300 Menschen ihre Teilgrundstücke zusammen und bildeten ein »Land ohne Grenzen«. Dort begannen sie mit biologisch-dynamischem Heilkräuteranbau, pflückten und trockneten die Ware selbst. Wir nahmen Mohammed seine Produkte zum vereinbarten Preis ab, das Geld verteilte er gerecht an seine Nachbarn. Seit Jahren arbeitet diese Kooperative, die in diesem Land mehr als ein Wunder ist, mit großem Erfolg. Ich schätzte diesen Mohammed Gaballah wie einen Helden, dem durch selbstlosen Einsatz der Aufbau einer echten Wirtschaftsgemeinschaft, der »Farmer ohne Grenzen«, wie ich sie nannte, gelungen war.

LIBRA startete 2007 mit dem Unternehmen *Soil&More* ein kommerzielles Kompostprojekt. In Sharkia und Alexandria wurden zwei Kompoststellen errichtet, wo Kompost für ägyptische Bauern hergestellt und vertrieben wird. 2010 begann LIBRA sich auf Rinderzucht zu konzentrieren und gab 2012 seine landwirtschaftliche Ausrichtung an das Schwesterunternehmen *SEKEM for Landreclamation* ab.

Khaled Abu Chatwa, der Großgrundbesitzer aus dem Norden, warb mit Enthusiasmus bei allen Bauernkonferenzen für die Verbreitung unserer Idee und trat mit seiner ganzen Persönlichkeit und Stimmgewalt für LIBRA ein. SEKEM wurde allmählich auch ein Vorzeigebetrieb bei Staatsbesuchen in Ägypten. Viele politische Repräsentanten aus aller Welt haben inzwischen unsere Farm kennengelernt. Die Vereinigung afrikanischer Landwirte besucht uns jedes Jahr für eine Woche und interessiert sich für die biologisch-dynamische Wirtschaftsweise, die humane Preisgestaltung und unsere Abnahmegarantie.

Die Einrichtung eines weltweiten kooperativen Netzwerks ist auf einer fairen Basis aufgebaut. Das bedeutet, dass jeder Beteiligte am Wertschöpfungsstrom einen gerechten Teil am Mehrwert erhält. Die SEKEM Gruppe verfügt über ein breites Netz an Zulieferbetrieben. Die Vertrauenswürdigkeit der Konsumenten, die hochwertige biologische Lebensmittel erwarten, hängt zum großen Teil von diesen Zulieferern ab. Für die Umstellung auf die biologische Wirtschaftsweise ermöglichen wir den Bauern eine Vorschussfinanzierung und garantieren ihnen die Abnahme der Ernte. Die Verträge werden vor dem Anbau der biologischen Rohstoffe vereinbart und auf einer fairen Basis, unabhängig von den Schwankungen des Weltmarktpreises, festgelegt. Dieser ist höher und erlaubt den Bauern ein menschenwürdiges Leben, so dass sie ihre Bedürfnisse decken können, eine Krankenversicherung haben und ihre Kinder zur Schule schicken können. Khaled Abu Chatwa nannte diese Form des Wirtschaftens einmal die »Wirtschaft der Liebe«. Der Begriff wurde von Journalisten und Wissenschaftlern aufgegriffen und wird seither mit SEKEM verbunden.

Heilkräuteranbau in der Wüste

SEKEM stellt jährlich 85000 Tonnen Kompost her

ISIS NAHRUNGSMITTEL

Lange überlegten wir, wie die Firma LIBRA doch zu einem finanziellen Ausgleich kommen könnte. Wir entschieden uns schließlich, eine Mühle zu bauen, schafften eine Ölpresse an und kauften Trocknungsanlagen. Hans Spielberger, ein in der Lebensmittelverarbeitung erfahrener Unternehmer, stand uns mit seiner langjährigen Erfahrung zur Seite. Durch die nun möglichen Veredelungsprozesse erhielten die landwirtschaftlichen Produkte einen Mehrwert, der der Firma als Gewinn blieb. Wir hofften dadurch in den Bilanzen der kommenden Jahre einmal schwarze Zahlen schreiben zu können. Das Unternehmen ISIS, nach der altägyptischen Gottheit benannt, produziert bis heute gesunde Nahrungsmittel von sorgfältig angebauten Rohstoffen wie Getreide, Reis, Gemüse, Pasta, Honig, Marmeladen, Datteln, Öle, Kaffee und Fruchtsäfte, Gewürze und verschiedene Teesorten für den lokalen und internationalen Markt.

Neue Firmen kamen hinzu: EL-MIZAN ist ein Joint-Venture zwischen der holländischen Grow Group und der SEKEM Group Ägypten. Es ist ein Samenzuchtbetrieb, der biologische Samen und Setzlinge an die Gemüsebauern vertreibt.

Die Firma Predators wurde 2010 gegründet als Joint Venture zwischen LIBRA und Bioproduction Denmark, mit der Frage, wie Insekten gezüchtet werden können, die auf natürliche Weise chemische Giftstoffe in der Landwirtschaft ersetzen.

Der Nachweis chemischer Restbelastungen in unseren sorgsam angebauten biologisch-dynamischen Gewürzen und Tees war für uns ein Schock. Leider mussten wir hinnehmen, dass das Land der Bauern, die biologisch anbauten, von den Pestizidspritzungen der Nachbarn nicht verschont blieb. Deshalb sahen wir uns nach Land um, das weniger Belastungen ausgesetzt war und gaben viel Geld für Landankauf aus. Und schließlich gründeten wir SEKEM for Landreclamation im Jahr 2008, um neues Land im Sinai, nahe der Oase Bahreya und Minya zu kaufen. Leider liegen diese Ländereien aufgrund des politischen Umbruchs in Ägypten zurzeit noch hinter ihren Entwicklungsplänen.

Orangenernte in der Wüste

Sesamsamen

BAUMWOLLE – PESTIZIDE AUS DER LUFT

1991 stellten wir fest, dass Flugzeuge 35.000 Tonnen Pestizide bis zu zwanzig mal über die Baumwollfelder während der Wachstumszeit aussprühten, wovon unsere Heilkräuterfelder nicht verschont waren. Als mir dies deutlich war, beschwerte ich mich beim Landwirtschaftsminister und musste erkennen, in welchen Schwierigkeiten er steckte, da er keine bessere Alternative kannte. Dies veranlasste mich nach biologischen Methoden zu suchen und die Forschung begann. Mit dem Aufwuchs der Baumwollpflanzen und der zunehmenden Hitze entstehen Kleininsekten wie Blattläuse, Blasenfüße und weiße Fliege. Es folgen während des Wachstums die Blattraupen Spodoptera und die Kapselbohrer Pectinophora, um nur die gefährlichsten zu nennen. Sie bilden im heißen Sommerklima bis zu vier Generationen aus und gefährden die Pflanzen bis zur Ernte. Es war nur zu verständlich, dass gegen diese Schädlinge 20 und mehr Pestizidspritzungen eingesetzt wurden. Hier fühlten wir uns aufgerufen, auf die biologischen Möglichkeiten der Insektenbekämpfung aufmerksam zu machen und gegenzusteuern.

Der Insektenkundler Dr. Youssef Afifi von der Kairoer Universität nahm die Chance wahr, seine Laborerfahrungen mit dem Spodoptera-Falter im Großfeldanbau anzuwenden. Keiner wusste, ob es wirklich funktionieren würde, aber wir begannen mit der Bebauung eines Baumwollfeldes von elf Hektar im Nildelta. Schon ehe die Falter anflogen, wurden einfache Trichterfallen mit Pheromonen (Duftlockstoffen) über das Feld verteilt, mit denen die Falter gefangen wurden, noch bevor sie befruchtete Eier ablegen konnten, aus denen sonst die sich rapide vermehrenden und blattverzehrenden Raupen schlüpfen würden. Als Nächstes galt es, die sich bildenden Fruchtkapseln, in denen die Samen mit ihrem haarigen Anhang – also der eigentlichen Baumwolle – entstanden, vor den Kapselbohrern zu bewahren, die den ganzen Ertrag bedrohten. Hier setzte Dr. Afifi Spencer-Röhrchen ein, denen ein Duft entströmte, der Insekten anlockt. Wenn die Kapselbohrer anflogen, wurden sie so verwirrt, dass sie die Kapseln nicht fanden. Im ersten Jahr hielt der verwirrende Effekt allerdings nicht lang genug an und elf Prozent der Kapseln wurden dennoch zerstört. Das korrigierten wir und bald lag der Schaden schon unter der Rate, die sonst mit den Chemiespritzungen im konventionellen Anbau zu erreichen war. Als dann die erste Ernte gewogen war, ergaben sich sogar zehn Prozent Mehrertrag an Rohbaumwolle gegenüber dem Gebietsdurchschnitt. Ein stolzes Ergebnis, das wir im Wesentlichen auf die allgemein bodenbelebenden und den Pflanzenwuchs fördernden Maßnahmen der biologisch-dynamischen Wirtschaftsweise zurückführten.

Als wir dachten, dass damit alle Probleme gelöst seien und die Flugzeuge über Ägypten keine Pestizide mehr aussprühen müssten, besuchten wir den

Erste internationale Baumwollkonferenz in Kairo, 1993

Helmy bei der Baumwollernte   *Baumwolle, Baumwollkapsel (unten)*

Mitarbeiter in der Näherei von Conytex

Gebäude der Conytex

Landwirtschaftsminister, um ihm von unseren positiven Anbauversuchen zu berichten. Der Minister empfahl, die Anbauversuche mehrfach zu wiederholen. Er erstellte einen Plan, die Versuche in jenen landwirtschaftlichen Gebieten durchzuführen, die am stärksten von Insekten befallen waren und auf größere Flächen ausgedehnt wurden. Wenn die Versuche auch dort Erfolge zeigten, dann könnte er entscheiden.

Helmy übernahm diese Herausforderung und organisierte mit seinen Mitarbeitern landesweit den Anbau. Er war Tag und Nacht unterwegs, damit er vor Ort war, wenn ein schnelles Handeln nötig wurde. Nach drei Jahren hatten wir es geschafft und konnten unsere positiven Untersuchungsberichte vorlegen.

1993 luden wir zum ersten internationalen Organischen Baumwoll-Kongress der Welt nach Kairo ein. 120 Fachleute aus aller Welt versammelten sich und hatten die Möglichkeit, die biologisch-dynamisch bewirtschafteten Baumwollfelder während der Ernte zu besichtigen. Das ägyptische Fernsehen war dabei und strahlte einen äußerst positiven Bericht aus. Man bewunderte unseren Erfolg.

Auch der Landwirtschaftsminister hatte die Entwicklung interessiert verfolgt und erschien auf unsere Einladung hin mit seinen Mitarbeitern. Er sprach seine Anerkennung für den erfolgreichen Anbau der biologischen Baumwolle aus und reagierte mutig, indem er die Pestizidspritzungen aus den Flugzeugen künftig verbot. Er versprach, die »SEKEM-Methode« landesweit für Ägypten zu übernehmen.

Zunächst wurde eine Fläche von 200.000 Hektar völlig ohne Pestizide behandelt, die ein Jahr später auf 400.000 Hektar, die gesamte damalige Anbaufläche für Baumwolle in Ägypten, erweitert wurde. Überall ging man im Pflanzenschutz bei Baumwolle auf biologische Methoden über.

Es lässt sich kaum schildern, was dadurch bewirkt wurde, dass somit jährlich 35.000 Tonnen Spritzgifte von der chemischen Industrie nicht mehr abgesetzt werden konnten. Wie hatten die darin verwickelten Menschen zuvor gegen den organischen Anbau gehetzt und die Presse aufgewiegelt! Wir konnten das nur mit innerer Ruhe entgegennehmen und uns in Gelassenheit üben, nichts Böses erwidern, sondern friedlich reagieren. Ich glaube, die Attacken, die wir überstanden haben, hätten unsere Gemeinschaft durchaus zerrütten können. Von einem besonders heftigen Angriff möchte ich später erzählen.

Eines der schlimmsten Gifte war also abgeschafft. Dr. El Beltagy vom staatlichen Landwirtschaftsforschungsinstitut sagte in einer Ansprache: Selbst wenn die Vereinten Nationen den pestizidfreien Anbau für Ägypten beschlossen hätten, wäre es ihnen nicht gelungen! Und unter den Wissenschaftlern aller Universitäten des Landes wäre es wohl nicht zu einer Einigung gekommen. Es war der Einsatz und Wille der SEKEM-Gemeinschaft, die für das Land etwas Heilendes bewirkt hatte.

Die schädlichen Pestizidspritzungen waren beendet. Was aber sollte nun mit den Hunderten von Tonnen biologischer Baumwolle geschehen, die in der Weiterverarbeitung normalerweise wiederum mit stärksten Giften behandelt werden? Für diesen Bereich wurde im Zusammenhang mit SEKEM die Firma *Conytex* gegründet. Zuerst wurden auf Anfrage von Dr. Götz Rehn von Alnatura für den Markt in Deutschland naturfarbene Babybodys hergestellt. Wegen der Gefahr von Allergien bei Babys und Kleinkindern waren biologische Textilien hier besonders begehrt. Das Unternehmen, das heute *NatureTex* heißt, produziert aus der hochwertigen, biologisch angebauten und mit Naturfarben gefärbten ägyptischen Baumwolle modische Kleidung, Puppen und Babysachen für den lokalen und internationalen Markt unter der Marke *Cotton People Organic*.

Die »Anbeter der Sonne«

In der Zeit vor Einstellung der Pestizidspritzungen über den Baumwollfeldern hatte die Regierung feste Verträge mit den Fluggesellschaften und der chemischen Industrie unterhalten. Aus diesem Grund war es dem Minister im ersten Jahr gar nicht möglich gewesen, sofort auf unsere Forderung nach Einstellung der Spritzungen einzugehen. Aber nach drei Jahren, als wir auf den Testfeldern eine biologische Alternative zeigen konnten, kündigte er die Verträge. Das war ein mutiger Schritt, denn in seinem Ministerium gab es natürlich weiterhin Stimmen, die behaupteten, dass SEKEM schädlich für das Land sei, denen wir mit viel Aufklärungsarbeit entgegen steuern mussten. Wie oft habe ich in dieser Zeit der Umstellung im Stillen gebetet, dass alles gut gehen möge!

Einige Wochen nach unserem Durchbruch erschienen in den großen Tageszeitungen in Kairo Artikel, die beweisen wollten, dass das biologische Wirtschaften nur für die Reichen tauge, die die höheren Preise (die natürlich maßlos übertrieben wurden) bezahlen konnten. Andere Zeitungsartikel gaben vor, dass sich nicht einmal die reichen Industrieländer die biologische Anbauweise leisten könnten – wenn schon nicht diese, dann die ärmeren Völker wohl erst recht nicht. Wie aber sollten Hunderte Millionen von Menschen auf der Erde ernährt werden, wenn nicht durch den Kunstdünger die Erträge erhöht würden? Das biologische Wirtschaften wurde kalt als Versagerprinzip deklariert. Man behauptete sogar, dass wir die Menschen verhungern lassen wollten. In vielen Beiträgen wurde SEKEM auch namentlich erwähnt und ich bekam anonyme Anrufe, die mir drohten. Es gab allerdings auch andere, die mir Mut machen wollten und sagten: »Gib nicht auf! Deine Sache ist gut!«

Im ganzen Land machte sich eine Kampfstimmung breit und Diskussionen wurden losgetreten, die uns eigentlich nur recht sein konnten. Wir merkten, dass die Angriffe die Verkaufszahlen unserer Firmen nicht negativ beeinflussten, obwohl sie unseren Ruf schädigen wollten. Das war alles noch zu ertragen – bis eines Tages in einer lokalen Zeitung ein seitenlanger Artikel mit der Überschrift »Die Anbeter der Sonne« erschien. Ein Journalist hatte ohne unser Wissen SEKEM besucht und auf einem Foto festgehalten, wie wir donnerstagnachmittags, dem Ende der Arbeitswoche, im Kreis stehen. Er behauptete nun, dass wir dabei – die Sonne anbeteten! Er hatte das Rundhaus aufgenommen, berichtete auch über andere runde Formen in und vor den Firmen – in seinen Augen alles Sonnenzeichen! Zum Schluss zitierte er noch einen Mann der Schulbehörde, der wörtlich berichtete: »Dr. Abouleish stand vor der Klasse und fragte die Kinder: ›Wer ist euer Gott?‹ Als die Kinder wahrheitsgemäß antworteten: ›Allah!‹, sagte er ihnen: ›Nein, nicht Allah. Ich bin euer Allah!‹ Das habe ich selbst so erlebt«, log dieser angebliche Schulrat weiter.

Für die Muslime aber bedeutet »Sonnenanbeter« soviel wie in Europa Satansverehrer. Die Menschen waren aufgewühlt. Mitarbeiter von SEKEM wurden beschimpft und mit Steinen beworfen. Der Zeitungsartikel machte in ganz Ägypten die Runde. Da bekam ich einen Anruf vom Chef der geheimen Staatssicherheitspolizei. Er bat mich zu sich. Als ich sein Büro betrat, sah ich auf seinem Schreibtisch die Zeitung liegen. Er zeigte lachend darauf und sagte: »Was wollen Sie zu dem Zeug da sagen?« Da ich ihn nicht kannte, wartete ich erst einmal ab. Er fuhr fort: »Wir hier wissen genau, dass kein Wort von dem stimmt, was da an Vorwürfen gegen Sie erhoben wird. Ich rate Ihnen aber, wehren Sie sich und prozessieren Sie gegen diese Leute! Das können Sie nicht so stehen lassen!« Jetzt erst bestätigte sich für mich, was ich schon immer gedacht hatte, dass natürlich auch SEKEM, wie alle größeren Betriebe, aus Angst vor Fundamentalisten in der Mitarbeiterschaft Spitzel der Staatssicherheit hatte. Ich folgte seinem Rat und begann mit einem Prozess gegen die Zeitung, wohl wissend, dass er Jahre dauern würde.

Aufgrund des Artikels begannen nun die Vorbeter in den um SEKEM gelegenen Moscheen, die Menschen gegen uns aufzuhetzen und zu verbreiten, dass wir nicht Allah anbeten würden, sondern die Sonne. Unter ihnen saßen Mitarbeiter von SEKEM, die wussten, dass alles nicht stimmte. Doch wer durfte in der großen Masse aufstehen und etwas gegen den Imam sagen! Ich fürchtete, dass es den geschädigten Chemiekonzernen nun doch gelungen war, uns mit Verleumdung kleinzukriegen.

Sollten wir dagegen kämpfen oder den friedlichen Weg gehen? – Ich wählte den friedlichen Weg, der den Feinden den Wind aus dem Segel nimmt. Zehn Vertrauensleute aus der Mitarbeiterschaft bekamen den Auftrag, jene Leute, die in der Zeitung zitiert wurden, sowie den Bürgermeister und einflussreiche

Scheichs der Umgebung nach SEKEM einzuladen. Wir vereinbarten einen Termin und ich schärfte ihnen ein, jeder sei dafür verantwortlich, dass die Leute auch wirklich kämen. An dem angesetzten Donnerstag empfing ich sie alle bei uns. Sie kamen herein, eine mächtige Gruppe von Männern in weiten, langen Gewändern und langen Bärten. Ich begrüßte jeden mit Handschlag, den sie nur ungern erwiderten. Doch ich blieb ganz ruhig. Als alle Platz genommen hatten, bat ich den Religionslehrer, einen Vers aus dem Koran vorzutragen, was er mit seiner schönen Stimme tat. Als er geendet hatte, winkte ich Musiker von SEKEM herein, die begannen, eine Serenade von Mozart zu spielen. Plötzlich erhob sich ein Mann, schlug wütend mit der Faust auf seine Stuhllehne und rief: »Das Teufelswerk hören wir uns nicht an!« Ich ging auf ihn zu, während die Musiker tapfer weiterspielten, und beruhigte ihn. Daraufhin ließen alle Anwesenden die »schrecklichen« Mozartklänge über sich ergehen. Nachdem die Musiker den Raum verlassen hatten, bat ich die Männer, sich zu äußern. Einer donnerte gleich los: »Musik und Kunst sind im Islam verboten. Der Prophet hat es so gesagt!« Ich fragte ruhig zurück: »Steht das im Koran?« – »Nein, das ist vom Propheten!« – »Ich glaube an jedes Wort im Koran und auch an das des Propheten. Ich muss es nur erst sehen!«, erwiderte ich. Die Stimmung war aufs Äußerste gespannt und drohte jeden Augenblick zu eskalieren.

Aufgrund der Fragen begann ich zu erzählen, wie Allah von allen seinen Geschöpfen die Menschen als seine Nachfolger auserwählt hat. Einige nickten, denn ich belegte, auswendig zitierend, alles aus dem Koran. Allah sagt: Die Menschen sind verantwortlich der Erde, den Pflanzen und Tieren gegenüber: »Wir haben die Verantwortung den Himmeln und der Erde angeboten, sie aber weigerten sich, sie zu tragen, sie waren erschrocken davor. Der Mensch trug es – er hat sich selbst überschätzt aus Unwissenheit« (Sure 33, Vers 72). Diese Verse kannten alle.

Nun sprach ich weiter über die tote und die lebendige Erde. Im Koran steht: »Allah ist der Spalter des Samenkorns und Fruchtkorns. Er zieht das Lebendige aus dem Toten und zieht das Tote aus dem Lebendigen« (Sure 6 Vers 95). Jetzt tat sich eine Schwierigkeit auf, der ich bei meinen Schulungen der Landwirte schon öfter begegnet war: Die Menschen waren gewohnt, alle diese Koranworte nur äußerlich abstrakt zu nehmen und sich nichts Konkretes darunter vorzustellen. Ich führte ihnen nun anhand von Beispielen aus, was diese bildhaften Verse für das praktische Leben bedeuten könnten. Ich schilderte die Millionen von Mikroorganismen und ihre Tätigkeiten im Boden und erzählte auch, dass eine lebendige Erde im Kontakt mit dem Himmel stünde. Dann zitierte ich wieder: »Die Sonne und der Mond laufen ihre vorgeschriebene Bahn. Die Sterne und die Bäume verneigen sich vor dem Herrn. Und die Himmel hat er emporgehoben und in Balance gebracht. Stört das Gleichgewicht nicht und haltet das rechte Maß und verliert es nicht« (Sure 55 Vers 59). Danach fragte ich sinngemäß: »Wie kann nun dieser Kontakt mit dem Himmel gefördert werden? Was ist die Pflanze? Ist sie nur das Samenkorn, das wir in die Erde legen, oder empfängt dieses Korn Leben von Allah, damit aus dem Korn die verschiedenen Pflanzenarten hervorkommen? Denn Allah sagt: Nicht ihr baut an, sondern Allah baut an. Er lässt die Pflanzen wachsen!«

Zwischendurch machte ich kleine Pausen und ließ Raum für Fragen. Dann sprach ich über das biologisch-dynamische Wirtschaften, über den Kompost und die Präparate und führte aus, wie dadurch die Erde verlebendigt würde. Ich brachte die Rede auf die Überheblichkeit der Wissenschaft, die meint, dass allein die physischen Stoffe die Pflanzen wachsen ließen, und nicht Allah. Deswegen verwendete man Kunstdünger und chemische Gifte und übersähe die Folgen für die Gesundheit der Menschen und die Erde.

Plötzlich stand einer von den Leuten auf, kam auf mich zu, umarmte und küsste mich. Ich bemerkte, dass einem anderen Tränen in den Augen standen. Viele waren erschüttert darüber, wie konkret die Verse des Koran verstanden werden konnten. Sie fühlten offenbar ihre Religion durch meine Ausführungen tief bestätigt. Auf das bohrende Fragen eines Teilnehmers hin erklärte ich die Bedeutung der Stellung von Sonne und Mond für das Wachstum der Pflanzen. Und als zum Schluss nur noch drei sehr intellektuell geprägte Anwesende nicht überzeugt waren, wies ich auf die Sure »Der Stern« hin, in der geschildert wird, wie der Prophet die fünf Gebetszeiten von Allah empfing: »Und das Ewige im Menschen sah Ihn noch einmal herabkommen, beim Sykomorenbaum, am Ende des Weges, der Heimstätte des Paradiesgartens. Das göttliche Licht überstrahlte den Baum. Da wich der Blick des Ewigen im Menschenwesen nicht ab und suchte nicht in der Ferne. Wahrlich, er sah von den Zeichen seines Herrn die größten.« Was hatte der Prophet gesehen? – Einen Baum, der von Licht überstrahlt war. Er sah die Lebensgestalt des Baumes, die lebendigen Prozesse, die in dem Baum vor sich gehen und die sich physiologisch im pflanzlichen Leben wie folgt abspielen: Wenn die Morgenröte naht, beginnen die Pflanzen, Zucker zu bilden, bis die Sonne im Zenit steht und dieser Prozess aufhört, dann nämlich, wenn die Sonne Schatten wirft, die so lang sind wie die Pflanze selbst. Das ist am Nachmittag. Der Zeitpunkt ist natürlich über das ganze Jahr hin verschieden, entsprechend des Sonnenlaufes. Vom Nachmittag bis Sonnenuntergang transportiert die Pflanze den Zucker, den sie gebildet hat, in alle ihre Organe. Nach Sonnenuntergang beginnt dann ein dritter Prozess, bei dem die Pflanze aus dem Zucker Wirkstoffe bildet. Mit Einbruch der Dunkelheit hört auch dieser Prozess wieder auf und die Pflanze fängt an, in der Nacht zu wachsen. Vier Prozesse sind es entsprechend den fünf Sonnenstellungen, die das Leben der Pflanze zur Erscheinung bringen. Der Prophet Mohammed empfahl uns, fünfmal zu diesen Zeiten an Allah zu denken und uns auf das Übersinnliche hin zu wenden. Durch den Zusammenhang der fünf Gebete mit dem Sonnenlauf und den Rhythmen der Pflanzenwelt schließt sich der betende Mensch an die kosmischen Prozesse an.

Dies erzählte ich den versammelten, tief religiös empfindenden Menschen. Nun trat eine große Stille ein. Sie hatten verstanden und erfahren, dass auch unsere Gemeinschaft aus Muslimen bestand, die aus der Kenntnis des Koran verantwortlich arbeiteten. Das ganze Treffen hatte bisher drei Stunden gedauert. Einer der Männer erhob sich langsam und meinte: »Wenn du uns nun noch sagst, dass die Musik und die Kunst auch von Allah und vom Propheten erlaubt ist, dann glauben wir es dir, denn du weißt es besser!« Ich dankte ihm, bat die Musiker herein und gemeinsam hörten wir uns noch einmal die Serenade von Mozart an, jetzt einig und offen.

Bevor ich sie zum Essen einlud, erwähnte ich noch, wie wichtig eine entsprechende Schulung für die Landwirte sei, wenn sie verantwortungsvoll mit der Erde, den Pflanzen und Tieren umgehen sollen. Da wollten sie mehr, auch über unsere Pädagogik und die Ausbildung der Kinder, wissen. In den Moscheen war immer wieder gegen die Schule gepredigt worden. Man hatte dazu aufgerufen, die Kinder nicht dort hinzuschicken. Gleich nach dem Essen aber erlebten sie im Saal der SEKEM Schule eine Schüleraufführung, an der auch die behinderten Kinder teilnahmen. Von der Freude, mit der die Kinder sich auf der Bühne bewegten, waren sie tief ergriffen. Danach wollten sie erfahren, was für Sprüche die Kinder in der Schule lernten. Ich ließ einige Schüler kommen und sie selbst das, was sie gelernt hatten, aufsagen. Da begriffen die Männer, dass die Sprüche wohl von der Sonne handeln, aber dass es Allah ist, den wir anbeten, damit er uns Kraft gibt. Sie fingen an, uns um Entschuldigung zu bitten, dass so schlecht über uns geredet worden war. Aber es gab noch andere Fragen, die sie nun frei und offen stellten: Zum Beispiel, warum wir die Kinder den ganzen Tag bei uns behielten. Das gab mir Gelegenheit, über die Entwicklung des Menschen von Kindheit an und die Aufgabe der Pädagogik zu sprechen: Ich sagte etwa: Es gilt auf allen Lebensgebieten die Zeichen Allahs zu erkennen. Und eines der verschlüsseltsten Zeichen ist der Mensch. Der Prophet beschreibt den Menschen in seinen verschiedenen Seinsebenen als himmlisches und als irdisches Wesen; auffallend aber ist dabei, dass er ihn als etwas im Werden Begriffenes darstellt, also den Entwicklungsprozess betont. Der Prophet sagt: »Die ersten sieben Jahre des Kindes sollt ihr mit ihnen spielen. Die zweiten sieben Jahre sollt ihr mit ihnen lernen. Im dritten Lebensjahrsiebt sollt ihr mit ihnen wie mit Erwachsenen umgehen, sie nicht mehr erziehen, sondern sie mehr wie Partner behandeln. Danach entlasst sie in die Freiheit.« Anhand dieser Zitate aus dem Hadith können wir auch die Lehrer für unsere Schule bilden. Als ich danach noch weitere lebendige Beispiele erzählte, fühlten alle, dass diese Weisheiten tief aus dem Islam heraus begründet waren.

Die grimmigen, bärtigen Männer vom Anfang des Tages waren nun meine Gäste geworden und verabschiedeten sich herzlich und tief ergriffen. Ich wusste, dass sie sich am Freitag wieder in den Moscheen treffen würden und dort weitererzählten, was für einem Irrtum sie gefolgt waren. Ich entließ sie mit einem Wort aus dem Koran, das besagt: »Wenn einer zu euch kommt und euch ein Gerücht erzählt, dann glaubt dem nicht, sondern überzeugt euch selbst.« Genau so gaben sie es weiter. Zum Andenken an ihren Besuch schenkten sie uns eine Tafel, auf der in schönen, kalligrafisch gestalteten goldenen Schriftzügen stand, dass die Gemeinschaft der Scheichs bezeugt, dass SEKEM eine islamische Initiative ist. Diese Tafel hängt im Eingangsbereich der Schule.

Nach dem Besuch lud ich Journalisten der bekanntesten Zeitungen von Ägypten zu einer Pressekonferenz ein, woraufhin ganz andere Artikel über SEKEM erschienen. Der Chef der lokalen Zeitung dementierte den Hetzartikel und entließ den Journalisten, der ihn verfasst hatte. Der Prozess gegen die verantwortlichen Redakteure wegen Rufschädigung lief trotzdem weiter und führte zu einer Verurteilung auf Schadensersatz. Weil ich ihnen verzieh, wurde ihnen jedoch dem ägyptischen Recht entsprechend die Strafe erlassen. Mir ging es lediglich um die Richtigstellung unserer Idee.

PHARMAUNTERNEHMEN IN DER WÜSTE

Als ich die Lizenz in den Händen hielt, in der Wüste einen Heilmittelbetrieb zu führen, war ich ungeheuer erleichtert. Damit war die wirtschaftliche Grundlage gegeben, auf der alles andere sich würde aufbauen lassen. Aber was für ein schwieriger und langwieriger Weg hinter mir lag, kann sich keiner recht vorstellen! Mit dem Beginn der sozialistischen Regierung Nassers waren alle Privatunternehmen verstaatlicht worden. Als ich um eine Genehmigung für die Einrichtung meines Betriebes ansuchte, wurde ich mit dem Argument abgeschmettert, ich sei ja kein Staatsunternehmen. Es musste erst ein Beschluss des Parlaments herbeigeführt werden, wonach ein Privatunternehmer Heilmittel herstellen durfte – und dem ging ein gewaltiger Verwaltungskampf voran! Die drei größten staatlichen Pharmaunternehmen Ägyptens musste ich damals um Erlaubnis bitten, neben ihnen existieren zu dürfen. Die wiederum schickten mich zum obersten Universitätsrat, der begutachten sollte, warum der Staat so etwas Unnötiges wie uns brauchte. Kurz vor der Lizenzerteilung hatte mich der Vizeminister des Gesundheitsministeriums zu sich gebeten und eine Besichtigung meines Betriebes durch zwei Gutachter des größten Pharmakonzerns Ägyptens gefordert. Der eine Gutachter sollte der Firmenchef persönlich zusammen mit seinem Forschungsleiter werden. Es gäbe Vorschriften für Pharmabetriebe, hieß es, was Labor und Herstellungsräume anbetraf, auch für Sanitäreinrichtungen und deren Hygiene, die alle erfüllt sein müssten.

Mir war bewusst, wie viel von dem Gelingen dieses Besuches für die weitere Zukunft von SEKEM abhängen würde, und ich bereitete dieses Treffen sorgfältig vor, um allen Auflagen so gut es ging nachzukommen. Anfang der Neunziger Jahre führte zur SEKEM Farm noch eine Sandpiste durch die Wüste. Wenn wir bei unserer Fahrt zur Besichtigung viel Staub aufwirbeln oder etwa in der Einöde stecken bleiben würden, würde mein Projekt vermutlich sofort abgelehnt. So ließ ich die Piste drei Tage vorher Tag und Nacht von Traktoren planieren und mit Wasser bespritzen, damit die beiden Herren erleben konnten, wie sauber allein schon die Anfahrt zu dem Pharmabetrieb in der Wüste angelegt war. Am Tag der Besichtigung empfing ich sie in meinem Büro in Kairo und hatte einen bequemen, klimatisierten Wagen organisiert. Als Erstes wollten sie das Laboratorium sehen. So schnell hatte ich damals kein eigenes Gebäude für das Labor bauen können und deswegen einen Raum im Rundhaus mit einfachsten Mitteln dafür hergerichtet. Ich erzählte ihnen, wie wichtig es für die Zukunft der Forschung sei, in die Wüste zu gehen, um dort neu und unbefangen zu arbeiten. Später erfuhr ich, dass sie nach diesem Besuch begeistert von dem Forscher berichteten, der an die Zukunft dachte und dazu in die Wüste ging. Sie hatten natürlich manches zu bemängeln. Auf meine Zusage hin, diese Mängelliste abzuarbeiten, erteilten sie schließlich die mir so wichtige Lizenz.

Später sprach mich einmal ein Verkäufer an und meinte: »Wissen Sie eigentlich, dass es noch mehr Interessenten für private Heilmittelbetriebe gibt? Wenn Sie Ihre Erlaubnis erhalten haben, könnten Sie diese für viel Geld verkaufen!« Ich dankte für den gutgemeinten Rat. Aber ich hatte anderes vor. Die Menschen in Ägypten hatten im Laufe der Jahrzehnte vergessen, dass es Heilkräuter überhaupt gibt. SEKEM weckte das Bewusstsein für diese einfache und wirkungsvolle Gesundheitshilfe und führte sie wieder ein. Dem Verkauf ging eine Wirtschaftlichkeitsstudie voraus, die ein junger Betriebswirt, Aiman Shaaban, für uns machte. Er erforschte dafür sorgfältig über ein halbes Jahr den Markt und ermittelte die in Ägypten am häufigsten vorkommenden Krankheiten. Die Teemischungen für die verschiedensten Indikationsbereiche wie Nieren- und Leberleiden, Husten, Rheuma, auch Milchbildungstee, stellte dann die SEKEM-KG her. Dazu wurden die biologisch angebauten Kräuter sorgfältig und hygienisch einwandfrei verarbeitet und in Säckchen abgefüllt. Als Pharmazeuten uns nach einem Schlankheitstee fragten, mischte ich den so genannten »Slimmingtee« aus Kräutern, die entwässernd und abführend wirken. Die Markteinführung wurde von umfangreichen Werbe- und Aufklärungsmaßnahmen in öffentlichen Medien begleitet. So entstand eine wachsende Nachfrage,

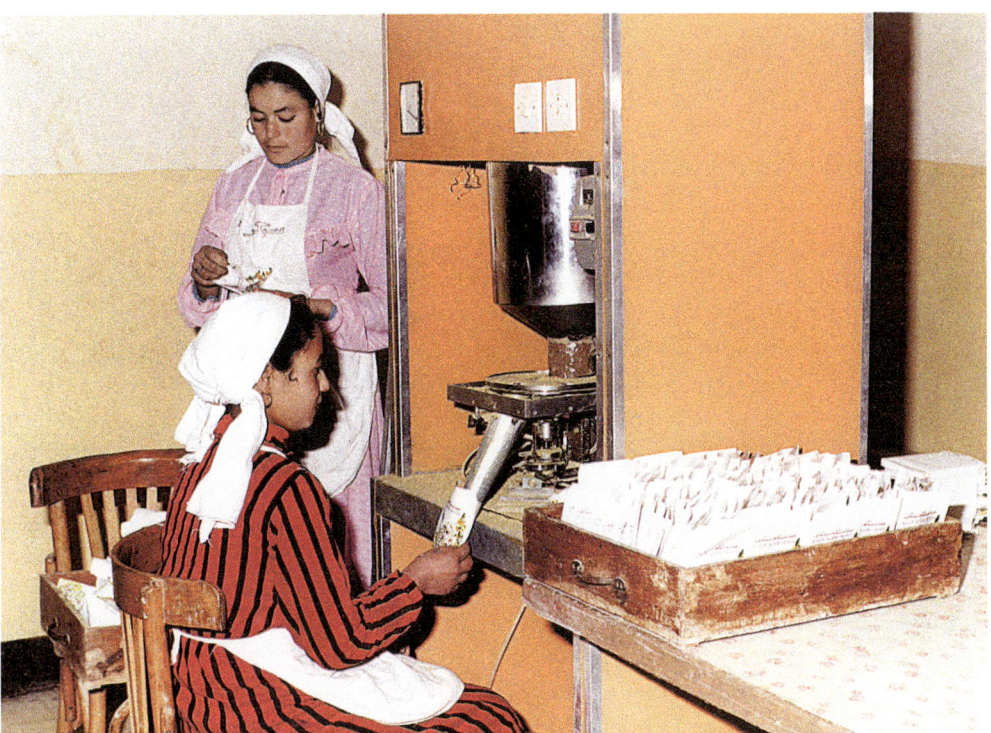

Anfänge in der Teeabpackung, um 1983

Das ATOS-Gebäude, 1983

dank derer wir unsere Produktpalette bis heute ständig erweitern können. Die Registrierung der Teemischungen gestaltete sich wieder als wahre Odyssee auf der Verwaltungsebene. Das Gesundheitsministerium kannte bis dahin nur Mittel, bei denen es sich um einen einzigen, klar definierten Wirkstoff handelte, dessen Wirkung einwandfrei nachgewiesen werden konnte. Durch aufwändige Analysen musste ich nun beweisen, dass auch eine Mischung aus verschiedenen Kräutern wirksam ist, und die Beamten überzeugen, dass Teemischungen in Europa schon lange bekannt seien. Es dauerte volle sieben Jahre, bis das Gesundheitsministerium der Registrierung weiterer Heilmittel zustimmte.

Unsere ersten Kunden waren die älteren Menschen, die sich wieder an die Heilwirkungen der Pflanzen erinnerten. Danach kamen die Gebildeten, aber nicht, wie ich gehofft hatte, die ärmeren Schichten. Ihretwegen wollten wir die Mischungen zu einem günstigen Preis abgeben, weil sie sich jeder sollte leisten können. Als wir den Preis ermittelt hatten und an den Markt gingen, hielten uns die Apotheker entgegen, unsere Produkte seien viel zu billig. Es dauerte Jahre, bis wir die Balance zwischen dem Anbau der Kräuter und der Nachfrage gefunden hatten. Als sich schließlich ein Marktsog bildete und sich die Tees immer besser verkaufen ließen, produzierten wir auch Hibiskus-, Kamille-, Pfefferminz und andere Einzeltees. Diese Sorten nannte ich nicht SEKEM, sondern ISIS, zum Unterschied zu den Heiltees, und gründete dazu die Firma ISIS. Die ISIS-Tees mussten in Filterbeuteln verpackt werden, da sie sich sonst nicht hätten verkaufen lassen. Dafür mussten wir eine Filterbeutelfüllmaschine anschaffen. Damals waren gerade Christophe und Yvonne Floride mit zwei kleinen Kindern zu uns gekommen. Er und Helmy fanden schließlich eine sehr günstige Maschine aus Argentinien. Sie läuft neben vielen anderen bis heute!

Christophe Floride hatte in Kassel eine Lehre als Maschinenbauer absolviert. Seine Frau Yvonne kannte er schon von der Schule her. Über seinen Vater lernte Christophe Klaus Fintelmann kennen, der ihn auf Elfriede Werner aufmerksam machte. Sie empfahl die junge Familie mit ihren zwei kleinen Kindern nach SEKEM. Dort fand Christophe zunächst einen Platz in der Technik. Während einer Reise nach Deutschland war das Gebäude der Heilmittelfirma ATOS gerade im Bau. Da bat ich Christophe, die Bauaufsicht zu übernehmen. Durch seine gewissenhafte Arbeit wurde er von diesem Zeitpunkt an unser ausführender Architekt, der die Bauaufsicht aller Gebäude auf SEKEM leitete. Heute ist er in der Exportbetreuung der Firmen ATOS und SEKEM tätig und pflegt die Auslandskontakte. Yvonne hat eine wichtige Funktion in der Schule und betreut die Ausbildung der neuen Lehrer. Sie interessiert sich darüber hinaus für das Malen und Zeichnen und gestaltet alle Bauten auf SEKEM farblich aus. Ich nenne sie gerne »Miss no problem«, weil sie alles so leicht nehmen kann und sich selbstlos den Aufgaben hingibt. Ich kann mir SEKEM ohne die beiden und ihre Kinder nicht mehr vorstellen.

Teeabpackung in ATOS

Die Cafeteria in ATOS

ATOS Produktion Eingang, 2014

DIE HEILMITTELFIRMA ATOS

Seit meine Finanzierungspläne mit der islamischen Bank gescheitert waren, hatte ich die Suche nach einem eigenen finanziellen Partner für SEKEM nie aufgegeben. Da erfuhr ich, dass die Deutsche Entwicklungs-Gesellschaft (DEG) für Entwicklungsprojekte in Ägypten warb. Eine der Bedingungen für eine Antragstellung war, dass ein deutscher Partner sich beteiligen müsse. Mir fiel meine Begegnung mit Roland Schaette ein, der sich sogleich bereit zeigte, sich an einem Joint Venture zu beteiligen. Gemeinsam gründeten wir mit der DEG die Heilmittelfirma ATOS AG.

»Tomex«, das erste Arzneimittel der Firma ATOS, war ein Knoblauchpräparat in Drageeform, für das wir gebrauchte Pressen und Geräte aus Deutschland kauften. Die Mitarbeiter in der Herstellung liefen uns anfangs wegen des Knoblauchgeruchs scharenweise davon. Für den weiteren Aufbau des Betriebes holten wir Meister aus staatlichen Einrichtungen, die uns mit ihren Kenntnissen halfen und eine fähige Herstellungsmannschaft aufbauten. Mit meinem Freund, dem Architekten und Designer Winfried Reindl, saß ich nächtelang am Computer, um die Gestaltung der Verpackungen zu konzipieren und Werbespots zu entwerfen. Allen neuen Präparaten der ATOS AG lagen immer Marketingstudien zugrunde.

Da pflanzliche Heilmittel in Ägypten völlig in Vergessenheit geraten waren, verlangte das Gesundheitsministerium Nachweise über die Wirksamkeit von Phytopharmaka und wir vergaben Aufträge für klinische Studien an die Universitäten. Nebenbei versuchten wir durch Vorträge klarzumachen, wie wichtig pflanzliche Heilmittel für das Land seien, und klärten die Professoren über die Nebenwirkungen chemischer Mittel auf. Einige ließen sich überzeugen und unterstützten uns in unserem Kampf um die Einführung pflanzlicher Arzneimittel. Doch das Ringen ging um jeden Einzelnen.

Der Chef der Registrierungsbehörde, Haider Ghalib, war Professor für Pharmakologie und gleichzeitig Kinderarzt. Er trat öffentlich gegen Phytotherapeutika auf, weil seiner Ansicht nach die Gefahr bestand, dass sich Pilze auf den Kräutern ansiedelten. Die Stoffwechselprodukte der Pilze, die Mykotoxine, seien lebertoxisch. Man sollte den Kindern daher ja nicht Anis oder Kümmel geben, um ihre Leber nicht zu schädigen. Lange bemühte ich mich, ihn nach SEKEM einzuladen, doch er weigerte sich strikt, zu kommen. Endlich verabredeten wir doch einen Termin. Als er uns besuchte, stand ihm die Ablehnung deutlich ins Gesicht geschrieben. Ich führte ihn zuerst ins Arzneimittellager und zeigte ihm ein Verfahren, das wir schon immer anwendeten, nämlich die alternierende Begasung der Kräuter in einer Kammer mit CO_2 und Sauerstoff. Ich erklärte ihm, dass alles Lebendige CO_2 nicht ertrage und somit die Mikroorganismen und

Pilze sterben. In der darauffolgenden Behandlung mit Sauerstoff könnten die übriggebliebenen Keime wieder wachsen, um erneut unter CO2 abgetötet zu werden. Durch dieses in Berlin entwickelte Verfahren werden die Heilkräuter vor der Verarbeitung frei von schädlichen Mikroorganismen gemacht. Dieser strenge Wissenschaftler sah sich das alles an und stand anschließend voller Begeisterung vor der Apparatur, umarmte mich und rief mehrmals aus: »Dass es so etwas Geniales gibt!« Dann führte ich ihn durch den Betrieb, zeigte ihm die hygienischen Maßnahmen und erläuterte auch, nach welchen ethischen Prinzipien wir arbeiten. Als er dann auch noch erfuhr, wie unsere Mitarbeiter geschult wurden, kannte seine Freude keine Grenzen. Arm in Arm ging ich schließlich mit ihm über die Farm, erzählte dabei von meiner Vision. Er ließ es sich auch nicht nehmen, in den Kompost zu greifen und daran zu riechen. Als Mediziner und Philosoph konnte er die Ganzheitlichkeit unserer Initiative sogleich verstehen und anerkennen. Er wurde einer unserer eifrigsten Verteidiger im Gesundheitsministerium und blieb SEKEM freundschaftlich verbunden.

Später bat ich Professor Haider Ghalib und Professor Mamoud Mahfuz (ehemals Gesundheitsminister), die beide der medizinischen Ethik-Kommission angehörten, das in Europa so bewährte Krebsheilmittel aus der Mistel für eine Verwendung in Ägypten zu prüfen. Wir strebten eine Zusammenarbeit mit einer deutschen Firma an, die auf dem Gebiet der Mistelforschung und Herstellung von Heilmitteln aus der Mistel Hervorragendes leistete. Dafür waren große Ressentiments bei Ärzten und Wissenschaftlern auszuräumen, die sich nicht vorstellen konnten, was eine Heilpflanze bei der Krebsheilung bewirken kann. Ich veranlasste, dass Professor Mahfouz und Professor Ghailb das Carl Gustav Carus Institut und die auf Mistelanwendungen spezialisierte Klinik Oeschelbronn in Deutschland besuchten. Dort kamen sie mit Dr. Armin Scheffler und mit Dr. Hans Werner zu einem Austausch zusammen. Begeistert kehrten sie zurück und waren bereit, sich für die Anmeldung des Mistelpräparats in Ägypten einzusetzen. Die Arbeit an einem Protokoll für eine vorbereitende klinische Studie dauerte sechs Monate. Schließlich kam es zu einer Vorstellung bei der Ethik-Kommission. Nun luden wir zwanzig Onkologen von allen Universitätskliniken in ganz Ägypten ein und veranstalteten ein Treffen in Kairo, an dem auch Dr. Armin Scheffler und Dr. Hans Werner teilnahmen. Wir konnten fast alle Ärzte überzeugen, an den Studien mitzuwirken, die bald darauf an den onkologischen Zentren in Alexandria, Tanta, Kairo und in Oberägypten begannen.

Die Ergebnisse der Studien waren für viele so überraschend gut, dass »Viscum«, wie das Mittel hieß, durch die Behörde registriert wurde. Die Firma ATOS führt seit Jahren ein Viscumpräparat in zwei Konzentrationsstufen, von denen eins auch für die Behandlung von Hepatitis C, eine in Ägypten verbreitete Erkrankung, eingesetzt wird.

Heute erfreuen sich pflanzliche Arzneimittel einer großen Nachfrage in Ägypten. Wir bemühen uns deshalb, erfahrene Manager für den weiteren Aufbau der ATOS AG zu gewinnen. Wenn der Markt unsere Produkte will, muss investiert werden. Dafür brauchen wir Kapital und fähige Menschen. In meiner Vision stand immer vor mir, dass wir mit der Herstellung von Nahrungsmitteln, Heilmitteln und Kleidung die Grundbedürfnisse des Menschen abdecken und mit diesen Produkten von Grund auf heilend wirken können.

DIE HOLDING

Mittlerweile wurde die SEKEM Firmengruppe als lückenlose Kette von internen Verbindungen (Assoziationen) vom Rohstoff bis zum Endverbraucher gegründet. In der landwirtschaftlichen Produktion sind die Firmen SEKEM for Landreklamation, LIBRA (organische Landwirtschaft) und El-Mizan (Samenzucht) tätig. Die Unternehmen LOTUS (Verarbeitung der Kräuter und Gewürze), und *Lotus for Upper Egypt* (Trocknung für Heilkräuter) sind für Verarbeitung und den Vertrieb der Kräuter zuständig. Der Mehrwert wird von verarbeitenden Unternehmen wie ISIS (Verarbeitung und Vertrieb von organischen Lebensmitteln), Naturetex (organische Baumwolltextilien) und ATOS-Pharma (Naturheilmittelherstellung und Vertrieb) erwirtschaftet. Und schließlich arbeitet die SEKEM Gruppe mit lokalen und internationalen Handelspartnern zusammen, um die Endverbraucher zu erreichen.

Um die entstandene SEKEM Firmengruppe noch effizienter zu gestalten und die Synergien der Kooperation zwischen den einzelnen Firmen zu nutzen, entschlossen wir uns 2001, eine Holding zu gründen. Sie sollte das gesamte Firmenkapital verwalten und Entwicklungsaufgaben wahrnehmen. Wir nennen deshalb die Holding intern »das Entwicklungszentrum«. Ständiges Verbessern und Weiterentwickeln sind die Hauptmerkmale überlebensfähiger Unternehmen, auch »Business development« genannt, zu dem auch der Bereich der ständigen Betreuung unserer Mitarbeiter durch Schulungen und Trainingsprogramme zählt, »Human relation development« (Personalentwicklung). Da wir es uns zum Ziel gesetzt haben, in allen Arbeitsbereichen und Geschäftsfeldern, auf denen wir aktiv sind, immer den höchstmöglichen Qualitätsansprüchen gerecht zu werden, ist das Entwicklungszentrum auch für das Qualitätsmanagement in allen Firmen verantwortlich. Unsere Produkte und Dienstleistungen unterliegen strengen, international anerkannten Qualitätsrichtlinien wie beispielsweise den Demeter-Richtlinien, der Bio Swiss (ökologische Anbaurichtlinien),

Libra, Atos, Conytex, Amphietheater, Felder

dem National Organic Programm der USA, verschiedenen EU Richtlinien, ISO 9001 (Qualitätsmanagement-System), ISO 1400 (Umweltmanagement-System), den HACCP (Hazardous Critical Control Points, ein System für Nahrungsmittelsicherheit), der GMP (Good Manufacturing Praxis, ein Qualitätssystem für Pharma Unternehmen), Euro GAP (Good Agriculture Praxis, ein landwirtschaftliches Dokumentationssystem) oder Fair Trade (Inspektion und Zertifizierungssystem für fairen Handel). Diese Standards werden von der SEKEM Holding initiiert, eingeführt und permanent von einer Abteilung für nachhaltige Entwicklung, die jedes Jahr einen Bericht herausgibt, überwacht. Die Anforderungen, die damit verbunden sind, erfordern fortwährende Kontrollen in allen Prozessen zur Steigerung der Kundenzufriedenheit. Entscheidungen fallen vor dem Ziel einer nachhaltigen Entwicklung, die bei den wöchentlichen Treffen der Manager diskutiert wird.

Nur durch intensive Vernetzung auf lokaler und regionaler, nationaler und internationaler Ebene kann sich eine Initiative wie SEKEM langfristig halten. Die verschiedenen Qualitätsrichtlinien sind dabei wichtige Instrumente.

Das Entwicklungszentrum ist auch für die Öffentlichkeitsarbeit sowie die Kommunikation mit unseren Partnern, Kunden, Regierungsstellen etc. zuständig und koordiniert alle Aktivitäten in diesem Bereich. Die moderne Informationstechnologie ist dabei ein wichtiges Werkzeug, um sowohl interne als auch externe Kommunikationsprozesse effizienter und schneller zu gestalten. Daher sind wir immer auf der Suche nach der bestmöglichen Technologie, die unseren Bedürfnissen angemessen ist.

Wir wollen lernend arbeiten und arbeitend lernen. Mit den oben erwähnten Aktivitäten bemühen wir uns, eine arbeitende und lernende, also eine lebendige Organisation zu sein und zu bleiben – das ist ein nie endender Prozess!

Als ich SEKEM gründete, habe ich als einzelner Unternehmer begonnen. In der Welt der Wirtschaft ist es üblich, dass das, was ein Unternehmer aufbaut, als sein Privatbesitz angesehen oder vererbt wird. Diese Sichtweise erscheint mir für SEKEM nicht passend. Meiner Überzeugung nach kann man zwar ein

Haus an seine Nachkommen vererben, nicht aber ein Unternehmen mit vielen tausend Mitarbeitern. Deshalb wurde die Abouleish Stiftung gegründet.

Die genannten Einrichtungen sind Werkzeuge, um das Wachstum von SE-KEM zu gestalten. Doch eigentlich ist der Begriff »Wachstum« nicht passend und ich spreche lieber von Entwicklung anstelle von Wachstum. Im Arabischen sind diese beiden Worte sogar konträr. Entwicklung ist eine nie endende Aufgabe, Wachsen dagegen ist endlich – wohin denn und woraus? Entwicklung möchte aus dem Existierenden etwas Höheres hervorgehen lassen. Die Primärökologie von Erde, Wasser, Luft, Sonne bringt die Pflanzen hervor, das ist gegeben. Die Sekundärökologie blickt auf die Verarbeitung des Gegebenen, dort ist Entwicklung möglich, mit anderen Worten: Mehrwert.

2. Bildung und Kultur

„SEKEM ist eine grosse Schule"

Während sich die wirtschaftlichen Aktivitäten entwickelten, musste immer wieder gebaut werden. Von Anfang an gab es auf SEKEM eine Bautruppe, die aus ungefähr 80 Menschen bestand. Mich interessierten dabei die besonderen Baumaterialien, die in Ägypten benutzt wurden. Einmal besuchte ich ein Werk, das gespanntes Metall herstellte. Zwei Ingenieure, Abdel Hedi und sein Kompagnon Sami, hatten eine Maschine entwickelt, die Blech zu einem Gitter ziehen konnte. Ich lud sie nach SEKEM ein. Sie begannen sich für meine Vision zu begeistern, obwohl auch sie damals zunächst nur Wüste sahen. Die Frau von Abdel Hedi arbeitete in der Atomforschung. Sie und einige Freunde von ihnen baten mich daraufhin, ihnen mehr über die Hintergründe meiner Arbeit zu erzählen. So trafen wir uns bald wöchentlich in einem Saal in Kairo. Die nun folgenden Veranstaltungen begannen stets mit einem Vortrag von mir mit anschließendem Gespräch. Vor meinen Vorträgen gab es Musik, was bis heute üblich ist. Ich sprach über Pädagogik, Medizin, Landwirtschaft, aber auch über verschiedene geisteswissenschaftlich-spirituelle Themen. Diese Treffen sah ich als Vorbereitung für die Gründung eines Vereins, den 1984 gegründeten ägyptischen Förderverein, die *Egyptian Society for Cultural Development*, SCD, der Träger für den Aufbau aller im Rahmen von SEKEM geplanten kulturellen Einrichtungen sein sollte. Er wurde später in SDF umbenannt, *SEKEM Developement Foundation*.

Die Bäume auf unserem Gelände waren allmählich größer geworden, die ersten Gebäude der Heilmittelbetriebe entstanden, Menschen gingen auf SEKEM aus und ein, kulturelles und soziales Leben entstand. Einmal besuchte uns Georg Hofmann, Lehrer an der Waldorfschule in Stuttgart, und nahm wahr, wie wir die Menschen in den Betrieben und in der Landwirtschaft individuell begleiteten, sie schulten und hörte sich unsere Pläne für die Zukunft an. Da brach es, als er vor dem Rundhaus stand, begeistert und mit tiefer, voller Stimme aus ihm heraus: »SEKEM ist eine große Schule!« Wie hatte er das gemeint? Was hatte er konkret beobachtet?

Ansprache von Dr. Abouleish im SEKEM-Amphitheater

Studenten auf dem Campus der Heliopolis University

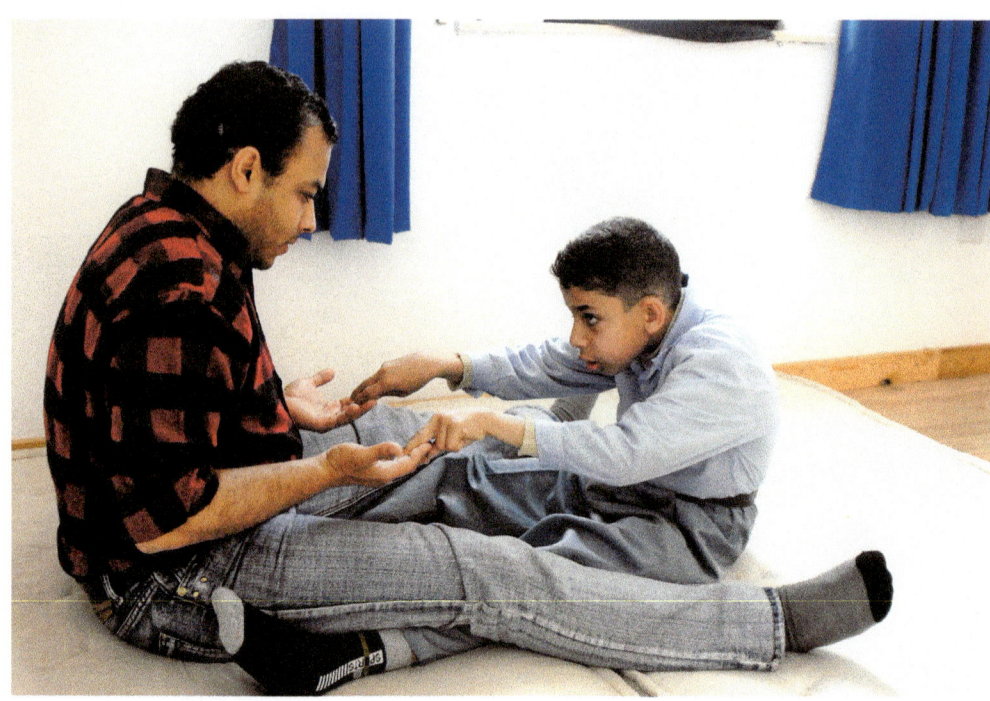

Aus der Arbeit mit behinderten Menschen

DIE ARBEIT MIT BEHINDERTEN MENSCHEN

DIE ARBEIT MIT BEHINDERTEN MENSCHEN

Eines Tages war der bucklige Ali, der aus seinem Dorf vertrieben worden war, bei uns aufgetaucht. Ich hatte ihm einfache handwerkliche Arbeiten im Garten zu tun gegeben. Mit seinem Kommen begann die Arbeit mit den behinderten Menschen auf SEKEM. Später folgte der taubstumme Hassan; Zacharias ist geistig behindert; Fathy, der lange Ali und Scharafa waren schon über zwanzig Jahre alt, als sie zu uns kamen, teilweise verheiratet und mit Kindern. Immer nahm ich sie wie Freunde auf. Die Ingenieure, die die Arbeiten in den Firmen einteilten, weigerten sich anfangs, Menschen mit Behinderung einzusetzen. So übernahm ich ihre Einarbeitung selbst und übte mit ihnen über längere Zeit die Tätigkeiten, für die sie verantwortlich sein sollten: Dem einen zeigte ich die Bewässerung immer ein und desselben Gebietes, der andere half den Stall auszumisten, der Blinde sollte die Wege ebnen und mit Sand und Kies befestigen und glatt harken. Hassan konnte bei den Lehmbauten helfen. So bekam jeder seine Aufgabe, und weil diese Menschen dabei von uns ganz selbstverständlich behandelt wurden, gewöhnten sich auch die ägyptischen Mitarbeiter mit der Zeit an einen anderen Umgang. Manchmal wurden wir die »Farm der Behinderten« genannt, was ich gar nicht schlecht fand, denn es strahlte etwas von unserem Respekt diesen Menschen gegenüber in die Umgebung aus. Später wurde eine eigene heilpädagogische Schule für behinderte Kinder bei uns eingerichtet.

Da die Landwirtschaft sehr arbeitsintensiv ist, konnten wir stets viele Menschen einsetzen. Dies gab uns immer auch die Gelegenheit, sie zu schulen und zu bilden. Ohne Unterstützung wären diese Menschen arbeitslos geblieben und, wie es leider oft geschieht, aus der Empfindung der Sinnlosigkeit ihres Lebens heraus leicht, heute mehr denn je, irgendwelchen fanatischen Gruppierungen verfallen.

DIE KAMILLENKINDER

Zum Pflücken der Baumwolle oder der Blüten holten wir Straßenkinder auf die Farm, die zum Teil noch nie zur Schule gegangen waren oder die Schule wieder verlassen mussten, weil ihre Eltern sie zum Helfen und Geldverdienen brauchten. Wenn junge Menschen ohne Begleitung heranwachsen, stehen sie leicht in der Gefahr, ignorant und militant zu werden. Wir gaben ihnen etwas Sinnvolles zu tun und ermöglichten ihnen darüber hinaus, die Schule zu besuchen. Dort konnten sie nicht nur lesen und schreiben lernen, sondern auch singen, sich eurythmisch bewegen und malen. Sie erfuhren lebenspraktisches Wissen über Hygiene und gesunde Ernährung. Für ihre Arbeit erhielten sie den vollen Lohn.

Aus der sozialen Notsituation der Kinderarbeit in Ägypten heraus entstand in SEKEM das Projekt der »Kamillenkinder«. Diese Kinder im Alter zwischen zehn und vierzehn Jahren haben bei uns eigene Lehrer, von denen sie den ganzen Tag über betreut werden. Sie helfen vor allem beim Pflücken der Kräuter, erhalten eine warme Mahlzeit am Tag und medizinische Versorgung, die insbesondere für den oft mangelhaften Zustand ihrer Zähne und ihrer Augen wichtig ist. Genau wie die anderen Kinder bekommen sie aufgrund ihrer Teilnahme an der Schule in einem Zeugnis bestätigt, dass sie keine Analphabeten mehr sind. Sie können dann an der Berufsschule einen Beruf erlernen und haben dadurch später bessere Chancen, sich wieder für die Gesellschaft einzusetzen. Das grundsätzliche Ablehnen von Produkten, die aus Kinderarbeit stammen, ist keine Lösung für dieses Problem. Es muss zusätzlich etwas getan werden.

So wie beschrieben begannen wir vor 30 Jahren mit 200 Kindern. In der Zwischenzeit haben wir die Eltern dieser Kinder, die sie zur Arbeit schicken, um zum Unterhalt der Familie beizutragen, überzeugen und bilden können. Hier setzt SEKEM mit einem neuen Programm an: SEKEMS Mikrokredit-Programm ist seit seiner Einrichtung im Jahr 2007 eine wirkliche Erfolgsgeschichte. Wir ermöglichen dabei Arbeitswilligen eine einmalige Anschubfinanzierung zur Selbständigkeit. Bis zum Jahr 2012 konnten auf diese Weise 363 Männer und 339 Frauen beim Aufbau einer eigenen Existenz gefördert werden, zum Beispiel für die Aufzucht von Tieren oder die Einrichtung eines Lebensmittelgeschäftes. Es sind im Wesentlichen die Eltern der Kamillenkinder, die sich nun selber Geld verdienen und ihre Kinder zur Schule schicken können. So ist die Zahl der Kamillenkinder im Jahr 2014 auf nur noch 20 zurückgegangen.

Kamillenkinder beim Schreibenlernen

Kamillenkinder bei der Eurythmie

BEGINN DER PÄDAGOGISCHEN ARBEIT

Um unseren Vorhaben im Bereich der Erwachsenenpädagogik einen institutionellen Rahmen geben zu können, begannen wir bereits 1986 mit der baulichen Konzeption und Ausführung des Mahad, unseres Bildungs-Zentrums, ein von Winfried Reindl gestalteter weißer Rundbau, geborgen unter hohen Schatten spendenden Casuarinen, mit einem Versammlungsraum und zwei Schulungsräumen. Besonders die Mädchen, die in den Betrieben arbeiteten, erfuhren in Kursen, wie sie sich richtig ernähren und zweckmäßig und sauber kleiden können. Beim Stricken und Sticken wird der Schönheitssinn der Fellachenmädchen gefördert. Eine Folge davon war, dass diese im Mahad ausgebildeten Mädchen bald als Ehefrauen sehr begehrt waren.

Neben dem Mahad entstand ein in gleicher Art gebauter Kindergarten für zwei Gruppen, mit dem 1988 die eigentliche pädagogische Arbeit auf SEKEM begann. Die ersten ägyptischen Kindergärtnerinnen wurden von meiner Schwiegertochter Konstanze begleitet. 1985 begann Regina Hanel als Kindergärtnerin, übernahm aber nach einem Jahr Sekretariatsaufgaben für mich, was sie seither mit einer bewundernswerten Zuverlässigkeit ausführt. Indem sie einen geschützten Raum und Ordnung um mich schafft, ist sie mir eine enorme Hilfe.

1989 eröffneten wir mit einer ersten und einer siebten Klasse die SEKEM Schule, die mit einer Grund- und einer Mittelstufe gleichzeitig aufgebaut werden sollte. In einer Kette zogen 27 Erstklässler mit bunten Kränzen geschmückt Hand in Hand, geführt von ihren Lehrern, in das Mahad ein. Ihnen folgten die Siebtklässler. Dort hatten sich schon die Eltern versammelt, Fellachen und Beduinen, die nach der musikalischen Einstimmung erfuhren, was ihre Kinder erwartete, denn uns war sehr wichtig, dass sie gemeinsam mit den Lehrern die Kinder begleiteten. In regelmäßigen Elternabenden erfahren sie seitdem beispielsweise, wie wichtig Rhythmus für die Kinder ist und wie unnötig das – auch in Ägypten verbreitete – viele unkontrollierte Fernsehen, wie sie auf gute Ernährung und Kleidung achten können, und vieles mehr. Mittlerweile schicken ehemaligen Schüler ihre Kinder wiederum auf die SEKEM Schule.

Während dieser Gründungszeit war ich mit tausenderlei Fragestellungen der Schulgründung beschäftigt. Die Finanzierung richtete ich so ein, dass die gesamte Schule von den Betrieben gesponsert wurde, indem sie zu den Festeinlagen der Betriebe gehörte, die sie an den ägyptischen Förderverein, die SCD, vermieteten. Ich lieh von Banken Geld, um die Schulgebäude fertig bauen zu können. Finanzielle Unterstützung bekamen wir von unserem deutschen Förderverein, dem Verein zur Förderung kultureller Entwicklung in Ägypten.

Mit Professor Klaus Fintelmann erarbeiteten wir Umsetzungsmöglichkeiten der Waldorfpädagogik für die ägyptischen Verhältnisse. Wir zogen den Archi-

Erster Schultag, 1988

Klaus Fintelmann und Ibrahim Abouleish

Kindergartenreigen mit Regina Hanel auf der Schaubühne

Erstes Kindergartengebäude, 1988

tekten Winfried Reindl zu Rat und erstellten eifrig Modelle für einen Schulbau, und warfen tags das, was wir nachts geplant hatten, wieder um, weil neue Gesichtspunkte vorrangig geworden waren. Bei der Planung des Bereiches der ersten drei Klassen wurden Spielmöglichkeiten erwogen, Sandkästen und Wasserspiele, alles Dinge, die für Ägypten ganz unüblich sind. Und als gegen Ende unserer Überlegungen ein anschauliches, plastisches Modell aus Ton dastand, wurde ich so sehr von Tatendrang ergriffen, dass ich am nächsten Morgen in aller Frühe an der geplanten Stelle mit Riesenbulldozern die Erdarbeiten beginnen ließ. Es war eine sehr lebendige Gründungszeit.

In drei Bauabschnitten entstanden die Schulgebäude, die neben den Klassenräumen für zwölf Klassen, einem Mal- und Musikraum, mehreren Werkräumen und Eurythmiesälen auch einen Gebetsraum für die koptischen Kinder und eine Moschee aufweisen. Die Schule verfügt über eine Aula, in der die Wochenabschlussfeiern mit Aufführungen aus dem Unterricht und außerdem die Feste und Fragestunden der Mitarbeiter stattfinden. Draußen auf dem Gelände wurde ein riesiger Spielplatz geebnet und ein Turnplatz errichtet.

Im Zuge des Genehmigungsverfahrens hatten wir für einen Tag die Beamten des Schulministeriums nach SEKEM eingeladen. Es war im Vorfeld nicht einfach gewesen, sie von der Gründung einer Privatschule in der Wüste zu überzeugen. Bis dahin gab es in Ägypten nur wenige private Einrichtungen. Dieses Treffen begann mit einer Koranrezitation. Die anschließend von unseren Musikern dargebrachte klassische Musik ließen die Besucher über sich ergehen. Danach erklärte ich ihnen die einzelnen Musikinstrumente und führte die Notwendigkeit eines guten Musikunterrichtes für die Bildung der Kinder aus. Ich sprach auch über die Wichtigkeit von Bewegung im Unterricht und die Bedeutung künstlerischer Betätigungen.

Die Kinder brauchen, wenn auf ihre wirklichen Bedürfnisse eingegangen werden soll, eine Balance zwischen theoretischen Lerninhalten und künstlerischem sowie praktischem Tun. Das sahen die Beamten ein, denn ich erinnerte sie daran, dass ihre eigene Schulbildung früher sehr viel reicher gewesen war: »Leider ist es nicht mehr so!«, bestätigten sie. »Wenn diese neue Schule wirklich nach diesen Prinzipien realisiert wird, dann wird es eine Musterschule für unser Land!« Da stand einer auf und fragte nach der Rolle des Korans bei der Erziehung. Das Auswendiglernen von Koranversen spielt in den ägyptischen Schulen eine große Rolle. Ich führte aus, wie wir den Kindern den Inhalt mehr über Gebete und Bilder, die das Gemüt ansprechen, nahebringen wollen. Das Auswendiglernen wendet sich eher in einseitiger Weise an die intellektuellen Fähigkeiten des Menschen. Wir wollen aber durch das Vermitteln einer ehrfurchtsvollen Haltung gegenüber aller Schöpfung nicht so sehr Religion lehren, sondern die Religiosität der uns anvertrauten Kinder entwickeln. Das ist mehr!

In solchen Verhandlungen ging ich verständnisvoll vor, denn im Grunde stammte das Denken und Verhalten der fragenden Menschen aus ihrer Erziehung und dem, was in diesem Lande lebte. Meine Aufgabe sah ich darin, ihre Ansichten zu erweitern und deutlich zu machen, dass es noch mehr gab, als sie bisher zu denken gewohnt waren. Dieses respektvolle Vorgehen schuf Vertrauen und aus diesem Vertrauen heraus wurde schließlich die Genehmigung erteilt. Die Frage nach einem mit den nötigen Qualifikationen versehenen Schuldirektor lösten wir so, dass meine Frau Gudrun, weil sie früher die Lehrerbildungsanstalt in Graz besucht hatte, von der Regierung akzeptiert wurde. Inspektionen der Schule gab es in der Folge immer wieder und sie bemühte sich stets, bei Problemen zu schlichten und eine gute Lösung für alle Seiten zu finden. Die Kritik der Beamten brachte uns ja auch weiter, wenn sie zum Beispiel sorgfältige Unterrichtsaufzeichnungen forderten.

Mittlerweile besuchen uns Inspektoren, die uns fragen, ob wir als SEKEM Schule auch Hauptunterricht und Epochenunterricht – ursprünglich Worte aus der Waldorfpädagogik – geben würden. Beides ist mittlerweile nämlich in die staatliche Schulbildung integriert und die Begriffe Hauptunterricht genauso wie Kompost gehören zum arabischen Wortschatz.

Bei der Rekrutierung der Lehrer waren wir anfangs auf unkonventionelle Lösungen angewiesen. Mohammed beispielsweise hatte über viele Jahre ein Lager verantwortungsvoll verwaltet. Ich schätzte ihn als offenen, höflichen und geduldigen Mann. Bevor er zu uns kam, hatte er zwar eine Lehrerausbildung absolviert, aber nie vor einer Klasse gestanden. Eines Tages ließ ich ihn zu mir kommen und offenbarte ihm, dass ich ihn als Lehrer unserer Schule einsetzen wollte. Er schlug nicht, wie man meinen könnte, die Hände über dem Kopf zusammen, denn er hätte mit Recht einwenden können, dass er keine Ahnung von Pädagogik und noch nie vor einer Klasse gestanden hatte. Er fühlte sich im Gegenteil durch meine Aufforderung geehrt und anerkannt und ließ sich auf alle Schulungsanforderungen interessiert und freudig ein.

Für die Ausbildung unserer Lehrer nahm ich mir sehr viel Zeit. Menschenkundliche Betrachtungen und Korankunde waren meine Fächer. Immer kam es mir weniger auf die intellektuelle Begabung der neuen Lehrer an als auf ihre charakterlichen Eigenschaften, die auf die Kinder menschenbildend wirken. Gastdozenten aus Deutschland ergänzten unsere eigenen Kräfte. Ihnen allen bin ich dankbar, dass sie uns beim Aufbau der Schule halfen.

Grundsteinlegungen, Richtfeste und Einweihungsfeiern in fröhlicher Runde mit Kindern, Eltern und Freunden bildeten herrliche und bedeutsame Meilensteine auf dem Weg zur Verwirklichung der Vision von SEKEM. Das größte Glück für mich ist dabei zu sehen, dass unsere Bemühungen sich als gut für die Kinder erweisen, dass alles nicht nur eine schöne Idee ist, sondern konkrete Entwicklungsförderung bedeutet. Wöchentliche Höhepunkte in dieser Hinsicht sind für

Gudrun Abouleish mit ihren Schülerinnen beim Handarbeitskurs

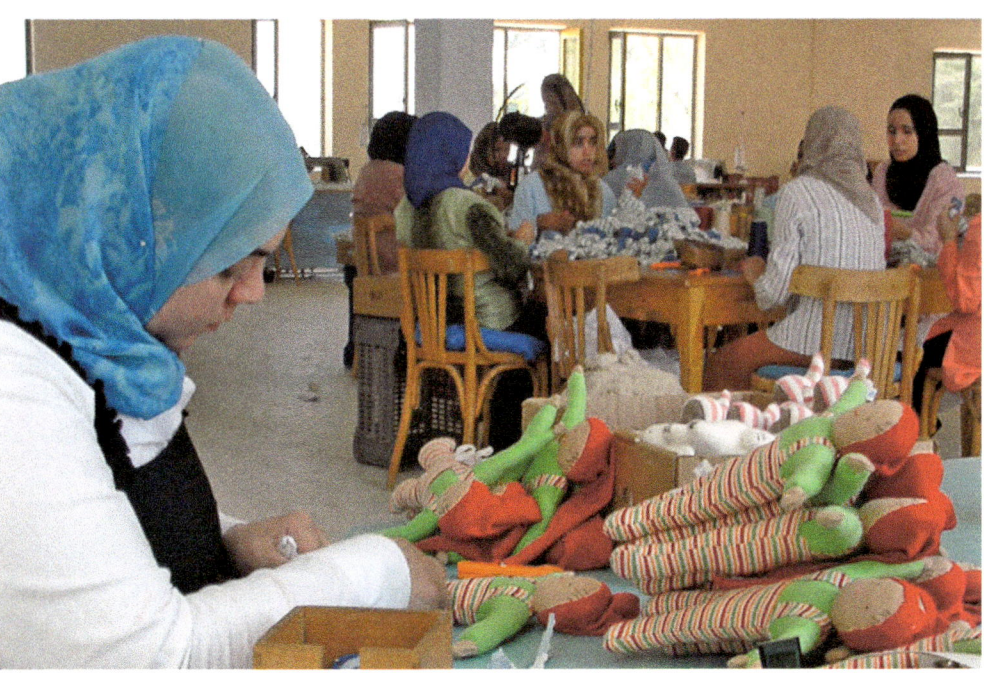

Puppenwerkstatt

Schüler und Lehrer der SEKEM-Schule

Wochenabschlussfeier auf der Schulbühne

mich immer noch die Wochenabschlussfeiern am Donnerstagmittag. Auch die Gestaltung dieser Feiern ist das Ergebnis intensiver Entwicklungsarbeit und die konzentrierte, gemeinsame Atmosphäre so vieler hundert Menschen in Ägypten kommt fast einem Wunder gleich. Aber in vielen Schulungstreffen mit den Lehrern hatte ich immer wieder darauf hingewiesen, wie wichtig eine gewisse äußere Ruhe der Kinder im Unterricht und bei den Zusammenkünften ist, in die hinein dann die Inhalte und Stimmungen gebettet werden können. Wir übten dies mit den Lehrern und sie gaben es so weiter, dass heute, wenn ich vorne von der Bühne meinen Gruß »Salem aleikum« an die Kinder richte, mir jedes Mal aus erfüllter Stille ihre Antwort entgegen kommt.

In diese Ruhe lässt dann der Koransänger mit schöner Stimme seinen Gesang einströmen, eine Form, die die Religiosität der Kinder entwickelt und die sie in ihrem Volkstum anspricht. Die anschließende musikalische Darbietung schult die Kinder Woche für Woche im Hören. Bei den Aufführungen aus dem Unterricht achten wir sehr auf die Qualität der Darbietungen. Anfangs habe ich mir alles vorher persönlich bei einer Generalprobe angeschaut, beurteilt und korrigiert. Und wenn ich heute während der Aufführungen erlebe, wie selbstbewusst, freudig und frei die Kinder auf der Bühne stehen und sich darin üben, sich deutlich zu artikulieren und sich überhaupt nicht mehr verstecken, dann sind dies bewegende Momente für alle Beteiligten und Gäste. Am Ende der Wochenabschlussfeier ziehen die Kinder an mir vorbei und geben mir die Hand. Ich verabschiede sie und suche den Kontakt mit ihnen, fühle ihre Hände und sehe ihren Blick. Wenn mir etwas auffällt, kann ich gleich den betreffenden Lehrer ansprechen.

Manchmal nutze ich die Gelegenheit dieser Treffen auch, um eine kleine Ansprache über Themen zu halten, die mehr die ganze Gemeinschaft betreffen. Hier ein Beispiel: Für die koptischen Kinder war in der Schule eine kleine Kapelle eingerichtet worden, in der ein Priester jeden Sonntag den Gottesdienst für sie zelebrierte. Bei einer Wochenabschlussfeier erzählte ich einmal, dass die koptischen Kinder für ihre Kapelle ein Kreuz benötigten, und versuchte den muslimischen Kindern diese für sie fremde, aber schöne Form nahe zu bringen, indem ich ihnen zeigte, dass jeder Mensch in sich die Kreuzesform trage. Danach meldeten sich einige muslimische Kinder und fragten voll Eifer, ob sie ein Kreuz für die Kapelle schnitzen durften. – Auf einer anderen Feier sprach ich über die Moschee auf unserem Gelände und erzählte von ihrer Schönheit, die Sauberkeit verlange. Da wollten die koptischen Kinder für den Freitag die Moschee putzen, während die muslimischen Kinder bis heute für jeden Sonntag den Kapellenraum mit Blumen schmücken.

DIE BERUFSSCHULE

Der Mangel an ausgebildeten Fachkräften ist eines der Haupthindernisse für die gesellschaftliche Entwicklung Ägyptens. Das in Europa so verwurzelte Handwerk mit seinem sprichwörtlichen »goldenen Boden« wird hierzulande viel weniger systematisch gepflegt. Dabei ist es äußerst wichtig, dass junge Menschen in den Dörfern Arbeit bekommen und lernen.

Nach ersten Vorbereitungen zur Gründung einer Berufsschule taten sich ganz unerwartet Möglichkeiten auf durch ein Projekt, das zwischen dem damaligen ägyptischen Staatspräsidenten Mubarak und dem ehemaligen deutschen Bundeskanzler Kohl ausgehandelt worden war und nach den beiden Regierungschefs kurz »MUKO« genannt wurde. Die nötigen Curricula für die Berufsausbildung erhielten wir mit Hilfe der deutschen Gesellschaft für technische Zusammenarbeit. Weil die dazu benötigten Maschinen aus Deutschland bezogen wurden, bekamen wir Unterstützung bei allen Formalitäten mit den Behörden und dem Zoll. Auch der ägyptische Staat erhielt Gelder von uns dafür, dass er die Schule inspizierte und zertifizierte. Im Jahre 1997 gelang es uns, eine Berufsschule (das Vocational Training Center) einzurichten, die im Jahr 2014 bis zu 300 Schüler zählt.

Nach Beendigung der obligatorischen Schulzeit erhalten junge Menschen hier die Möglichkeit zu einer dreijährigen Fachschulausbildung als Schlosser, Schreiner, Mechaniker, Elektriker, Schneider, Landwirt und Kaufmann. Gemäß der SEKEM Philosophie »lernend arbeiten und arbeitend lernen« kommt der Praxis derselbe Stellenwert zu wie der Theorie. Dabei besuchen die Lehrlinge

Schüler und Schülerinnen bei der Berufsausbildung

immer wieder die SEKEM Firmen und wachsen durch die soziale Einbindung allmählich in die spätere Arbeitswelt herein. Wenn sie die Ausbildung nach drei Jahren beenden, wissen sie zumeist schon genau, wohin sie gehen. Viele Jugendliche werden, sofern sie nicht den Wehrdienst absolvieren müssen, gleich nach ihrer Ausbildung in den Betrieben von SEKEM angestellt, bei Naturetex, in unserer Schreinerei oder als Mechaniker. Andere kommen nach ihrem Wehrdienst zurück oder machen sich selbstständig. Viele hundert Jugendliche haben die dreijährige Berufsausbildung inzwischen abgeschlossen und die Absolventen sind geschätzte Arbeitskräfte. Ihren weiteren Weg zu verfolgen ist eine Freude.

Wegen der anfangs geringen Schülerzahl erwies sich diese Gründung als eine der teuersten Investitionen, die unser Trägerverein je zu leisten hatte. Zwar übernahmen die Betriebe das Lehrgeld, doch das Geld für Kleidung, Verpflegung und ein Taschengeld während der Ausbildung musste die SDF zuschießen. Es ist ein Wunder, dass der Geldkreislauf immer wieder funktioniert! Dabei ist Ausbildung für Menschen das am besten angelegte Geld. Viele ehemalige Schüler, die nach ihrer Ausbildung in SEKEM weiterarbeiten, schicken später ihre Kinder zu uns auf die Schule. Ich spüre bereits, wie diese Menschen sich und ihre Lebensverhältnisse verändern. Wenn das noch ein paar Generationen weiter geht, wird durch diese Bildungsarbeit wirklich die ägyptische Gesellschaft erneuert werden – ein wunderbares Gefühl, wie hiermit meine Vision in Erfüllung geht.

ERWACHSENENBILDUNG

Von Beginn an war die künstlerische Gestaltung für SEKEM von entscheidender Bedeutung. Hier sollten Schönheit und Achtsamkeit nicht erst als Zugabe zu wirtschaftlichen Aktivitäten entstehen, sondern von Anfang an die gesamte Arbeit prägen. In diesem Zusammenhang beeindruckte mich eine in Europa überlieferte historische Begebenheit tief. Sie berichtet davon, wie Kaiser Karl IV. in der Nähe von Prag die Burg Karlstein errichten ließ: Nicht zur Verteidigung, nicht zu wirtschaftlichen Zwecken, sondern zur Förderung von Kunst, Religion und Wissenschaft.

Mit besonderer Umsicht muss derjenige zu Werke gehen, der Kultur in die Wüste tragen will. In die Wüste kann viel hineingetragen werden, aber nur mit einem Feingefühl, das ihrem sensiblen Wesen gerecht wird. Fast mit Zärtlichkeit sollte man sich ihr nähern, da sie ein eigenes, sehr empfindliches ökologisches Gleichgewicht hat. Die Bewässerungsversuche der neueren Zeit in den ägyptischen Wüstengebieten kann ich nur als brutale Vergewaltigung ansehen, die das Wüstenwesen rasch wieder abstößt, wenn sie nicht mit äußerster Konsequenz und Bewusstheit weiterverfolgt werden. Die Wüste wird von vielen Menschen als totes, ödes Land erlebt, weil in ihr die Gegensätze des mineralischen und des licht-wärmehaften Elementes hart aufeinanderprallen, ohne die vermittelnde Geste des Wässrigen und Luftigen. Ich ging genau genommen aber nicht mitten in die Wüste, ich schuf keine reine Oase, sondern pflanzte meinen Impuls in ein Grenzgebiet zwischen fruchtbarem Land und Wüste. Tiere und Pflanzen bereicherten das neue Land. Mit ihrer Hilfe schuf ich die Lebensgrundlage für die Entwicklung der Menschen.

Es ist die Kunst, die Hoffnung und Mut vermittelt und durch Schönheit menschenbildend wirkt. Kunst bedeutet Sinnesschulung, durch die Menschen ihrer Umwelt offener und respektvoller begegnen, was für die Entwicklung von ökologischem Bewusstsein und gesellschaftlicher Veränderung eine bedeutsame Grundlage darstellt.

Früher gab es auf der Mutterfarm eine riesige Fläche Sand und Steine, die es ästhetisch und schön zu gestalten galt. Von Anfang an waren beim Anlegen des Geländes, wie später auch bei anderen Gestaltungen, zwei Aspekte wichtig: einmal die praktischen Gesichtspunkte der Nützlichkeit, zum anderen aber gleichwertig die Aspekte des Künstlerisch-Schönen. – Felder mit Getreide und Heilpflanzen und Obsthaine wechseln ab mit Rondellen und Alleen, die mit Zierbäumen bepflanzt sind: Oleander und Bougainvillea-Alleen, große Büsche und Bäume in herrlichen Blütenfarben und immer wieder die Palmen mit ihrer wunderschönen Geste der sich zum Himmel öffnenden Wedel. Die Wege um die

SEKEM Mitarbeiterbildung mit Dr Abouleish

Sprachbildungskurs mit Dorothea Walter

Malkurs mit den Köchen

Betriebseurythmie ATOS

Felder herum wurden rechtwinklig angelegt, um die Wohnhäuser und die sozial-kulturellen Einrichtungen hingegen folgen sie lebendigeren Impulsen. Dem Konzipieren des Geländes und der Gebäude liegt ein musikalisches Empfinden zugrunde. Harmonie und Balance ist ein wichtiges Gestaltungsprinzip.

Ich sehnte mich während des Aufbaus in der Wüste ständig nach Schönheit, um sie durchklingen zu lassen. Ich schilderte schon, wie ich Künstler, besonders Musiker nach SEKEM bat und Osama Fathy den ersten Flügel ins Rundhaus brachte. Immer wieder bat ich anwesende Musiker wie den aus Kapstadt stammenden Abel Weinfass, der sich vor Jahren entschlossen hatte, zu uns zu ziehen, vor meinen vielen Vorträgen zu spielen. Mein Gedanke war, die Menschen ins Hören und in ein anderes Atmen zu bringen, damit sie sich für die Worte mit ihrem mehr intellektuellen Inhalt leichter öffnen könnten und die Botschaft den ganzen Menschen erreichte. Heute haben wir auf SEKEM einen eigenen Chor und ein Orchester. Immer wieder finden Konzerte und größere musikalische Darbietungen bei den SEKEM-Festen statt.

Wichtig ist auch die Pflege der Sprache. Durch die Koranrezitationen lebt dieses Element ohnehin in den arabischen Ländern und genießt hohe Anerkennung. Die hocharabische Sprache des Koran und des Hadith hebt den arabischen Menschen immer wieder aus seinem Dialekt heraus und verbindet die verschiedenen Völker. Ein- bis zweimal im Jahr besucht uns Dorothea Walter, eine Sprachgestalterin aus Deutschland, und schult die Lehrer in Artikulation und Stimmführung. Obwohl sie selbst zunächst kein Wort arabisch konnte, brachte sie ihnen bei, die Konsonanten und Vokale ausdrucksvoller zu gestalten und flüssiger im Atem und Rhythmus zu sprechen. Anhand von Gedichten betrieb sie Sprachforschung und entwickelte ein Übungshandbuch für die Gestaltung der arabischen Sprache, das heute Grundlage für einige ägyptische Sprachgestalter ist. Zu den Festen studiert unsere Schauspielgruppe, die sich aus begabten, spielfreudigen Mitarbeitern aus den Betrieben zusammensetzt, literarische Stücke ein, die mit Begeisterung aufgenommen werden. Es sind bewegende Augenblicke, wenn 2000 Menschen auf den Rängen unseres Amphitheaters unter den leicht auf- und abwogende Planen des Zeltdaches sitzen und in aller Lebhaftigkeit mit den Darbietungen auf dem Bühnenrund mitgehen.

Die Bewegungskunst der Eurythmie hat für mich im Hinblick auf Ägypten einen besonderen Stellenwert. Wenn ich die ägyptischen Mitarbeiter an die Eurythmie heranführen will, brauche ich ihnen nur altägyptische Bilder und Reliefs zu zeigen. Vor diesem Hintergrund lässt sich erklären, dass diese Kunst in ihren Bewegungen ursprünglich aus Ägypten stammt und in Europa wieder aufgegriffen und für unsere Zeit verwandelt wurde. Dabei entdeckte man, dass sich beim Zuhören von Musik und Sprache der Kehlkopf innerlich mitbewegt und wie diese Bewegungen auf den ganzen Körper übertragen werden können. Der Mensch verwendet dabei ein uraltes und ursprünglichstes Instrument – seinen Körper –, der Ausdruck wird für alles, was er hört. Die Bewegungen sind also nicht willkürlich, sondern bemessen, sichtbar gemachter Laut, sichtbar gemachter Ton. Die Aufgabe der Eurythmieausbildung und Anwendung in der Pädagogik und der Erwachsenenbildung, sowie in der künstlerischen Darstellung wurde in dankbarer Weise begonnen von Christoph Graf und mit Martina Dinkel weitergeführt. Bei der Eurythmie für Mitarbeiter verdanken wir Annemarie Ehrlich aus Holland mit der von ihr entwickelten Betriebseurythmie wertvolle Impulse.

Die Farbgestaltung hat Yvonne aufgegriffen und zieht seither Menschen aus aller Welt an, die zu Malkursen mit den Mitarbeitern der Betriebe oder in der Schule nach SEKEM kommen. Ich möchte hier namentlich Gerlinde Wendland aus Deutschland, Marianne Wachberger und Suzanne Baumgartner aus der Schweiz und Annelie Franken aus Südafrika nennen, die uns immer wieder auch mit Ausstellungen erfreuen und unsere Arbeitsräume durch ihre Werke künstlerisch gestalten.

Im Gebäude der Berufsschule ist mittlerweile eine eigene Kunstschule eingerichtet worden, in der Kurse in allen genannten künstlerischen Bereichen stattfinden. Auch die grafische Gestaltung unserer Verpackungen und Broschüren haben einen künstlerischen Anspruch. Weil es sich hier um Dinge handelt, die nach außen gehen und in der Welt zeigen, wer wir sind, kommt der Kunst hier besonderer Stellenwert zu. In Ägypten ist es nicht möglich, alles gegen Kopieren zu schützen, und manchmal freut es mich auch zu sehen, wie etwas Schönes von SEKEM andernorts nachgemacht wird. Unser Design wird oft kopiert und die Käufer verwechseln dadurch natürlich manchmal die Produkte, weil sie einander zu ähnlich sind. Doch das muss dann für uns ein Ansporn sein, etwas noch Schöneres zu gestalten.

Ich sehe SEKEM wie ein schönes Gemälde und die Farm wie den passenden Rahmen dafür. Dieses Gemälde wird belebt durch die verschiedenen Farbnuancen, die unsere Mitarbeiter einbringen. Zahlreiche Besucher bedanken sich nachträglich für die Hoffnung, die sie während ihres Besuches geschöpft haben, sie bedanken sich, dass es SEKEM gibt. Sie erzählen es weiter und so strahlt SEKEM aus.

Die Entwicklung einer Menschengemeinschaft, die bewusst an den zeitbedingten sozialen und ökologischen Problemen arbeitet, an der Persönlichkeitsentwicklung jedes Einzelnen genau so wie an der Entwicklung des Landes, ist eines meiner größten Herzensanliegen. Für die Individualität bildet die Gemeinschaft die Basis, um einen Teil ihrer Selbstverwirklichung zu finden.

Für viele neue Mitarbeiter sind die zusätzlichen künstlerischen und kulturellen Aktivitäten, die sie in SEKEM kennenlernen, ungewohnt, aber sie erleben bald den persönlichen Wert. Kulturelle Aktivitäten wie Chorsingen und Eurythmie am Arbeitsplatz werden bewusst als Teambildung eingesetzt. Vertrauen

Mitarbeiter plastizieren

Eurythmie in der Wüste

Studium an der Heliopois University

Studenten in den Versuchslaboren der Fakultät für Pharmazie

und Respekt binden die Menschen aneinander. Zweimal pro Woche treffen sie sich während der Arbeitszeit zu Präsentationen und Diskussionen mit mir. Und jeden Montag öffnet die Heliopolis Universität ihre Räume für ein kulturelles Programm in Literatur, Theater, Eurythmie und Musik. Die Darbietungen vertiefen das Verständnis für die Kultur und Gesellschaft. Viele Gäste, die SEKEM besuchen, bereichern diese Veranstaltungen mit eigenen Beiträgen.

Die musikalischen Darbietungen teils mit europäischer klassischer, teils mit arabischer Musik, bringen die Zuhörenden in ein intensives Hören, das eine Voraussetzung für jeden Gemeinschaftsprozess ist. Die Lehrer der SEKEM Schule erhalten Unterricht in Singen und lernen ein Instrument ihrer Wahl. Ein SEKEM Chor mit ausgebildeten Stimmen trägt wunderbar zu unseren Festen bei. Sommerkurse mit professionellen Musikern aus Kairo finden jedes Jahr mit unseren Schülern und Studenten statt. Anschließend besuchen die Firmen Lotus, Isis, Naturetex und Farmen und spielen für die Mitarbeiter.

Die Werte SEKEMS, wonach die Gesellschaft ein Abbild der Natur sein möge, in der jeder Einzelorganismus unabhängig, aber gleichzeitig tief verbunden mit allen anderen ist – dieses ökologische Grundprinzip der Weisheit der Natur und des Universums versuchen wir zu vermitteln und zu einer harmonischen Balance in unserer Gemeinschaft zu entwickeln. So werden Religion und Spiritualität als zentral für die persönliche Entwicklung angesehen, wobei Toleranz und Dialog in allen SEKEM Einrichtungen gepflegt werden. Dazu gibt es eine Moschee auf der Mutterfarm, zehn offizielle Gebetsräume und die gemeinsame Feier von religiösen Festen.

Zusätzlich zu den künstlerischen und kulturellen Veranstaltungen bemüht sich die SEKEM Holding um allgemeine Persönlichkeitsentwicklung. Mitarbeiter nehmen an wöchentlichen Treffen teil, an denen ich die Basisvisionen einer ganzheitlichen nachhaltigen Entwicklung erläutere. Darüber hinaus werden die Beschäftigten am kontinuierlichen Verbesserungsprozess mit speziellen Trainings beteiligt. Ungefähr zehn Prozent ihrer Arbeitszeit widmen die Mitarbeiter ihrer individuellen Entwicklung. Unterschieden wird noch zwischen der Entwicklung von beruflichen und kommunikativen Fähigkeiten, wobei letztere eher Beschäftigte im Management oder Marketing erhalten. Darüber hinaus nehmen alle Mitarbeiter an Englisch- und Malkursen sowie an Sprachgestaltung und Eurythmie teil.

Je mehr wir diese Fähigkeiten in unser Fühlen integrieren, desto mehr entwickeln wir ein achtsames, respektvolles und einfühlsames Miteinander auch mit der Umwelt und nicht zuletzt ein begeistertes Lebensgefühl. Die *SEKEM Development Foundation* übernimmt die Schirmherrschaft all dieser Aus- und Weiterbildungsmaßnahmen.

In der Zeit des politischen Umbruchs in 2011 und der andauernden Unruhen konnten wir viele unserer Projekte nicht verwirklichen. Doch trotz größter Ver-

Das Amphitheater, Hator-Gebäude im Hintergrund

unsicherung in der gesamten Bevölkerung und Mitarbeiterschaft und enormer wirtschaftlicher Einbußen stockte ich das Budget für die Kunst auf. Ich sagte mir: Wenn es dunkel wird, muss man ein Licht anzünden. Wir verstärkten alle kulturellen Aktivitäten und bildeten einen festen menschlichen Zusammenhalt. Im März 2012 konnten besonders unsere Kinder und Jugendlichen ein herrliches Projekt aufführen, an dem sie ein ganzes Jahr gearbeitet hatten: Die Zauberflöte von Wolfgang Amadeus Mozart wurde eurythmisch dargestellt, von Musik begleitet. Über 2000 Zuschauer im voll besetzten Amphitheater von SEKEM spendeten den 80 Darstellern begeisterten Applaus.

DAS MEDIZINISCHE ZENTRUM

In SEKEM gab es vom ersten Tag an ein medizinisches Versorgungsangebot. Nachdem die Zahl der Mitarbeiter gewachsen war und auch die Menschen aus den Dörfern nach medizinischer Versorgung fragten, plante ich mit Dr. Hans Werner und Winfried Reindl die Räumlichkeiten für ein medizinisches Zentrum. Der Bau sollte eine sich öffnende Gebärde mit einem künstlerisch ge-

Das medizinische Zentrum

stalteten Innenraum erhalten, damit die Patienten, wenn sie eintraten, gleich Vertrauen fassen und sich von Schönheit umgeben fühlten. Kinder können auf einem Spielplatz im Garten des Medical Centers, wie es heißt, ihre Wartezeit verkürzen. Mit dem medizinischen Zentrum hat SEKEM eines der schönsten Gebäude erhalten. Der Innenhof ist mit Heilkräutern bepflanzt und dient den Patienten als Warteraum vor den Sprechstundenzimmern: Innere Medizin und Kinderheilkunde, Gynäkologie, Augenheilkunde, Zahnmedizin, HNO, Labor, OP und Röntgen sowie eine Apotheke sind vorhanden. Die einzelnen Behandlungsräume wurden mit medizinischen Geräten aus Deutschland ausgestattet.

Die Erledigung der Formalitäten zur Einfuhr der Apparate gestaltete sich anfangs wieder äußerst umständlich und führte zu einem Kampf mit dem ägyptischen Zoll. Die zum Teil schon älteren Modelle wurden nach ihrer Ankunft auf SEKEM sorgfältig überholt. So gelang es gerade noch rechtzeitig, Hans Werner zu seinem siebzigsten Geburtstag den Schlüssel für das Medical Center zu überreichen. Alle Mitarbeiter der Farm hatten sich dafür vor dem neuen Gebäude versammelt und gratulierten ihm. Die behandelnden Ärzte kamen aus Kairo und anderen größeren Städten des Landes, Hans Werner aber ist bis heute für ihre Ausbildung verantwortlich. Er lernte dazu in seinem fortgeschrittenen Alter noch Englisch und ist für die ägyptischen Ärzte Vorbild geworden.

Die Genehmigung für die Errichtung einer medizinischen Einrichtung in der Wüste gestaltete sich genauso schwierig wie damals für den pharmazeutischen

Betrieb oder die Schule. Wieder hatte eine Gruppe von Menschen tätig werden müssen, um die nötigen Verwaltungs- und Rechtsfragen im Vorfeld abzuklären, sich mit der Bürokratie zu verständigen und mit dem Gesundheitsministerium zu verhandeln. Die Einrichtung einer Apotheke wäre fast gescheitert, weil in den Augen der Bürokraten dazu eine Süßwasserleitung notwendig war. Wir hatten jedoch nur Brunnenwasser in der Wüste. Mit der Auflage, dieses Wasser jede Woche kontrollieren zu lassen, wurde uns schließlich die Erlaubnis erteilt.

Zur Eröffnung des medizinischen Zentrums erhielten wir ein großzügiges Geschenk vom Bürgermeister der Stadt Biberach an der Riss, Dr. Claus-Wilhelm Hoffmann – einen Krankenwagen! Wir stellten drei Sozialarbeiter ein, die ein- bis zweimal in der Woche mit Ärzten in die Dörfer fuhren, um eine medizinische Bestandsaufnahme zu machen. Die Häuser wurden nummeriert, die Namen aufgeschrieben, das Alter, Einkommen und der Status der Bewohner verzeichnet; die Ärzte führten Untersuchungen durch, denn wir wollten die umliegende Bevölkerung und deren Gesundheitszustand erkunden. Dabei stellten wir fest, dass 86 Prozent der Menschen zum großen Teil chronische Krankheiten hatten und an parasitären Erkrankungen litten. Nun war uns klar, dass über das medizinische Behandlungszentrum hinaus auch eine umfassende Aufklärungsarbeit für die Bevölkerung in Hygienefragen nötig war. Das Grundwissen für Gesundheitsfragen schien den Menschen völlig abhanden gekommen zu sein. Die Sozialarbeiter besuchten nun die Dorfältesten und kündigten über die Moscheen Vorträge an, bei denen es um Themen wie Hygiene bei der Essenszubereitung oder Ungezieferbekämpfung ging. Jedes Jahr fanden Kontrolluntersuchungen auf Parasiten statt. Allmählich konnten wir eine Besserung verzeichnen.

Ein anderes Projekt, das SEKEM betreut, betrifft die Geburten in der Umgebung, die zum Teil unter unhygienischen Bedingungen stattfinden. Ich bin mir im Klaren darüber, dass diese Aufklärungsarbeit Jahrzehnte, wenn nicht noch länger dauern wird, weil die Menschen auch bei uns schon zu sehr gewohnt sind, jenseits von dem zu leben, was gesund ist. Sie machen sich keine Gedanken über Hygiene, Essenszubereitung, Kindererziehung, Sinnespflege, Land- und Gemüseanbau und eine Kleidung, die einem natürlichen Wärmebedürfnis entspricht. Zwar werden alle Mitarbeiter auf SEKEM auch in dieser Hinsicht geschult, aber oft sind die Gewohnheiten so stark, dass eine Veränderung schwierig ist. So sehen wir unsere Aufgabe darin, nach allen Seiten Aufklärung zu leisten. Um SEKEM herum leben rund 30.000 Menschen, davon einige tausend Kinder, die natürlich auch andere Schulen als unsere besuchen. Wir haben es uns zur Aufgabe gemacht, diese Schulkinder regelmäßig zu untersuchen und zu behandeln. Ein Bus des Medizinischen Zentrums holt Tag für Tag eine externe Schulklasse zur ambulanten Behandlung. So kommt es, dass es jeden Morgen bei uns von Kindern wimmelt, die in einem eingerichteten Areal spielen, bis sie untersucht werden.

FESTE FEIERN

Im Islam gibt es fünf religiöse Hauptfeste im Jahr und fünf Gebetszeiten am Tag. Die Zeiten der Feste sind beweglich, denn sie richten sich nach dem Mondenmonat, der sich jedes Jahr um elf Tage verschiebt und 33 Jahre benötigt, um wieder in der gleichen Konstellation zu erscheinen. Die Feste wandern also durch das ganze Jahr. Die Gebetszeiten richten sich nach dem Sonnenlauf. Fünfmal am Tag beten wir Moslems nach der Sonnenzeit. So erleben wir im Islam einen ständigen Zusammenklang von Sonnen- und Mondenrhythmen.

Weil mir schien, dass in der Bevölkerung das Bewusstsein für die geistigen Hintergründe der Feste verlorengegangen ist, begann ich sie näher zu erforschen.

Der Monat Ramadan ist im Islam der Fastenmonat. Einen Monat lang sollen die Gläubigen von Sonnenaufgang bis Sonnenuntergang keine Speisen und Getränke zu sich nehmen. Der Fastenmonat Ramadan ist heute eine Festeszeit. Am 27. Ramadan wird die »Heilige Nacht« gefeiert. In ihr wird der ersten Koraninspiration des Propheten Mohammed – Gebet und Friede sei über ihm – gedacht, der als Vierzigjähriger zurückgezogen in einer Höhle meditierte, als ihm der erste Vers der ersten Sure des Koran offenbart wurde. »Lies die Namen, die dein Herr erschuf« (heute in den üblichen Koranübersetzungen Sure 96). Die Weisheit des Koran spricht aus den Worten des Propheten. So kann dieses Fest auch als Fest der Weisheit beschrieben werden. Für die Feste haben wir in SEKEM nach neuen Gestaltungsmöglichkeiten gesucht. Gemeinsam dichteten und komponierten wir Lieder, die den geistigen Gehalt des Festes zum Ausdruck bringen. Zum jeweiligen Fest werden diese Lieder in der Schule und in den Betrieben gesungen. Koranrezitation und Musik, vertiefende Worte zum religiösen Hintergrund vervollständigen die Feste und geben ihnen den tieferen kulturellen Wert zurück.

Der Fastenmonat wird mit einem Lied begleitet, welches zur Ermutigung und Erkraftung des Fastens aufruft.

Ein weiteres islamisches Fest ist die Himmelfahrt des Propheten. Der Prophet ritt in der Nacht auf seinem Schimmel »Boraq« von Mekka nach Jerusalem. Vom Felsenstein stieg er auf zu den sieben Himmelstoren. Auf seinem Weg begegnete er allen Propheten. Im höchsten Himmel erblickte er am Ende des Weges einen von Licht überstrahlten Sykomorenbaum. Aus diesem Erlebnis überbringt der Prophet die fünf Gebete als Geschenk des Himmels für die Menschen. – Ich meditierte lange darüber, was uns dieses Ereignis sagen soll und entdeckte, dass ein Zusammenhang der Gebetszeiten mit den Wachstumsprozessen der Pflanzen besteht (siehe auch das Kapitel »Die Anbeter der Sonne«). Der Prophet nahm in dem von Licht überstrahlten Baum die Lebensrhythmen der Pflanzen wahr. Der Moslem schließt sich beim Gebet an diese lebendigen Wachstumsprozesse an. Das Lied zur Himmelfahrt des Propheten Mohammed – Gebet und Friede sei über ihm – hat eine andächtige Stimmung voll Lob und Dank und heißt: »Gelobt sei Allah.«

Der islamische Gebetsritus vollzieht sich in einer Folge von bestimmten Stellungen und Bewegungen, in denen sich der Mensch in einen fortwährenden Kreislauf zwischen Himmel und Erde stellt. Zur Eröffnung des Gebetes werden die Hände in einem leicht nach oben geöffneten Winkel hinter die Ohren gehalten – eine lauschende, sich nach oben öffnende Gebärde. Der Mensch erhebt sich zum Göttlichen, indem er in dieser Stellung ausspricht »Allahuakbar« (Allah ist der Größte). Dann legt er seine Hände auf die Region des Sonnengeflechts, wobei die rechte Hand überkreuzend die linke greift. Diese Stellung kommt einer starken Konzentration und Haltekraft gleich, die auf eine sehr sensible Stelle im Körper weist. Das Sonnengeflecht, auch unsere »innere Sonne« genannt, bildet die Körpermitte. Von hier strahlt es nach zwei Richtungen aus: in die Brust und in die Hauptesregion, in welcher die Lichtkräfte beheimatet sind und das Bewusstsein angesiedelt ist, und in den Stoffwechsel-Gliedmaßenpol, in dem die warmen Naturkräfte wirksam sind. Der Mensch befindet sich in Harmonie, wenn diese beiden polaren Richtungen ihre Verbindung im Sonnengeflecht finden. In dieser Stellung wird im Gebetsverlauf der Koran rezitiert. Danach berühren die Hände die Knie, ein Gelenk, das eine Verbindungsfunktion symbolisiert. Danach begibt sich der betende Mensch wieder in die aufrechte Haltung, um sich dann ganz auf die Erde herunterzubeugen und mit Stirn, Händen und Knien die Erde zu berühren. Bei diesem Vorgang senkt sich der Lichtpol in den unteren Wärmebereich hinein, um sich mit den von der Erde entgegenkommenden Kräften zu verbinden. Das Herunterbeugen zur Erde ist wie ein liebevolles In-die-Erde-Hineinsinken.

Diese beschriebene »Raqaa« (Gebetsabfolge) wird je nach Gebetszeit zwei- bis viermal wiederholt. Das Gebet schließt ab mit dem Glaubensbekenntnis und dem Friedensgruß an die Engel zur rechten und zur linken Seite. Alle Moslems der Welt bilden beim Gebet, indem sie nach Mekka gewendet sind, Kreise über die ganze Erde.

Nach dem Fest der Himmelfahrt vollzog sich die Wendung der Gebetsrichtung von Jerusalem nach Mekka, zur Kaaba, dem Meteoreisenstein, der 2600 Jahre vor der Zeitenwende von Abraham und Ismael aufgerichtet wurde. Das Eisen ist Symbol der Willenskraft, und so ist diesem Fest ein Willenscharakter eigen, was auch in unserem Lied zum Ausdruck kommt: »Unser Wille ist stark wie Eisen…«.

Das größte Fest ist das Opferfest. Es ist ein Fest, das uns an das Opfer erinnert, das Abraham seinem höchsten Herrn brachte. Sein Sohn Ismael sollte geopfert werden. Da kommt der Teufel zu Abraham und sagt: »Woher weißt du,

SEKEM-Mitarbeiter begrüßen den Tag im Kreis

Mitarbeiter zeigen ihre Arbeiten aus den Fortbildungskursen, 1987

dass es eine Eingebung Allahs ist? Es könnte doch auch nur ein Traum sein.« Zweifel zieht in Abrahams Herz. Aber er ergreift sogleich sieben Steine von der Erde und wirft sie auf den Teufel. Der Teufel kommt auch zu Abrahams Frau Hagar und zu Ismael und der Zweifel zieht auch in deren Seelen ein. Aber immer wieder ist die Reaktion die gleiche: Widerstand gegen die Versuchung. Die Menschen, die der rechten Leitung Allahs folgen, wissen sich zu schützen. Die Geste des Gewahrwerdens des Versuchers gibt es in der christlichen Welt als Motiv des Kampfes Michaels mit dem Drachen. So feiern wir zum Opferfest diese in der Terminologie des Abendlandes michaelisch wirkende Tat. Jeder, dem es möglich ist, die Pilgerfahrt zu machen, steht in Mekka an jener Stelle, wo das beschriebene Ereignis vor mehr als 4000 Jahren geschah, nimmt Steine in die Hand und bewirft damit den Teufel. Das Lied vom Opferfest handelt von dem uneingeschränkten Vertrauen Abrahams in Allah: »Zu Dir strebe ich hin...«.

Mit der Begründung der islamischen Gemeinschaft (Umma) beginnt die islamische Zeitrechnung. Die Gemeinschaft soll sich im Namen Allahs vereinen. Am 16. Juli 622 floh der Prophet von Mekka nach Medina (Hidschra) und bildete dort eine Gemeinschaft, die im Namen Allahs lernt, arbeitet und sozialen Umgang pflegt. Darauf geht das islamische Neujahrsfest zurück. Ein altes, traditionelles Lied, das alle Moslems jeden Alters kennen, zeugt von diesem Ereignis: »Talaa al bedru...«.

Zwei zusätzliche Feste werden auf SEKEM gefeiert: Eines im Herbst, das andere im Frühjahr. Das Frühjahrsfest findet am Tag meines Geburtstags statt, aber nicht, um meine Person zu feiern, sondern stellvertretend dafür, dass jeder Mensch einen Gedenktag hat, an dem seine Individualität ins irdische Dasein eingetreten ist. Das Frühjahrsfest ist somit ein Fest der Individualität. Alle Kinder und Mitarbeiter der Betriebe und Verwaltung versammeln sich im Amphitheater zu Musik, Eurythmie oder einem Theaterspiel, hören Ansprachen und sehen Darbietungen der Mitarbeiter. es geht dabei darum, sich selbst im Licht der Gemeinschaft zu sehen. Es ist die Übung, sich als selbstständiges Glied der Gemeinschaft zu fühlen und sein Eigenwesen innerhalb des Kreises zu stärken. In einer kulturellen Umgebung, in der die Gruppenhaftigkeit noch eine starke Rolle spielt, bedeutet dies einen wichtigen Aufwachprozess.

Beim Herbstfest, an dem die Gründung von SEKEM gefeiert wird, versammeln sich alle Mitarbeiter in einem großen Kreis und im Theater geben Vertreter der Mitarbeiter, Schüler und Studenten Darbietungen auf der Bühne. Dieser Festtag dient auch der Würdigung besonderer Leistungen oder Jubiläen. Mitarbeiter werden nach sieben Jahren Mitarbeit für ihre Treue geehrt. Es ist immer für alle ein erhebendes Erlebnis der Zusammengehörigkeit, wenn über 2000 SEKEMER gemeinsam mit den Gästen im Theater versammelt sind.

ISLAMFORSCHUNG

Mit dem Priester Michael Heidenreich von der »Christengemeinschaft« verbindet mich eine tiefe Freundschaft. Auf gemeinsamen Reisen durch Südwest- und Südafrika lernten wir uns näher kennen. Sein Interesse gab mir Gelegenheit, ihm von den Grundlagen des Islam zu erzählen. Immer wieder bewegten wir in Gesprächen christliche und islamische Themen. Gemeinsam planten wir eine Seminarwoche zum Thema »Christentum und Islam« in Deutschland. Auf diesem Seminar lernte ich dann auch den Theologen Wilhelm Maas kennen, der sich intensiv mit Fragen des Islam auseinandergesetzt hatte. Wilhelm Maas zog für ein Jahr nach SEKEM und wir arbeiteten eine Zeit lang eng zusammen. Seither wirke ich regelmäßig an Seminaren in Europa mit, die einem vertiefenden und erweiternden Verständnis des Islam dienen.

Zur Vorbereitung auf diese Aufgabe hatte ich meine Mitarbeiterinnen Martina Dinkel und Regina Hanel gebeten, mir bei einer deutschen Übersetzung und Auslegung des Koran behilflich zu sein. Regelmäßig trafen wir uns über zehn Jahre hinweg und begannen gemeinsam den Koran zu erforschen. Parallel dazu studierte ich viele andere Koranübersetzungen. Für unsere Interpretation beschäftigte ich mich auch intensiv mit spirituellen Aspekten und wir bemühten uns, den Koran in seiner Einzigartigkeit zu erfassen. Insgesamt sehe ich meinen Beitrag in einer Reihe anderer Bemühungen im islamischen Kulturkreis, die mir heute den Eindruck vermitteln, dass der Islam vor einer grundlegenden Reform steht. Der islamischen Welt und damit auch Ägypten fehlt eigentlich etwas Vergleichbares, was einst Martin Luther für den christlichen Kulturkreis geleistet hat. Das ganze Schicksal der gegenwärtigen Welt scheint mir auf diese Aufgabe hinzudeuten. Für weite Teile der Welt bedeutet es ein Rätsel, was dieser Islam eigentlich will und was er bedeutet. Dieser ganze Hintergrund soll durch unsere Arbeit deutlicher werden. Das führte dann zu den Islamseminarien, die ich jahrelang in SEKEM für Besucher aus Europa durchgeführt habe. Sie wurden indirekt angeregt durch Fragen von europäischen Lehrern, die muslimische Kinder in ihren Klassen betreuten und deren religiöse Wurzeln und Lebensweise verstehen wollten. Später kamen viele weitere Menschen aus Europa hinzu, denen es ein Anliegen war, das innere Wesen des Islam zu verstehen.

Zu der Frage, was der Islam heute ist, möchte ich ein Bild verwenden: Man denke sich, dass ein wunderschönes Auto gebaut wurde, das allen Umweltansprüchen genügt, dazu chic aussieht und günstig im Verbrauch ist, so dass viele Menschen diesen Wagen kaufen wollen. Der Verkäufer aber vertröstet die Kunden und bittet sie, zu warten, weil erst noch einige weitere Entwicklungen an Reifen und Motoren nötig sind, damit es noch perfekter wird. So sehe ich zurzeit die Situation des Islam: Vielen Menschen wird eine religiöse Ausrichtung

Islamseminar in Sekem mit Dr. Abouleish

angepriesen, die tief und tragend, bisher aber nur zu einem ganz geringen Teil wirklich erforscht ist. So wird der Islam für viele Fragen des Lebens als Lösung angeboten, doch wenn man tiefer nachfragt, fehlt die Begründung. Damit bleibt er im Bereich des bloßen Glaubens, der für religiösen Fanatismus anfällig ist.

Es müsste dringend erforscht werden, was der Islam beispielsweise zu Fragen der Ökologie, der Musik, der Erziehung, der Wirtschaft, des Rechts beitragen kann. Die islamische Rechtsprechung, Scharia, ist nur deshalb für viele westliche Menschen abschreckend, weil sie unverstanden angewendet wird. Ich ahne die vielen, bislang ungehobenen Schätze dieser Religion, fühle mich aber überfordert, sie allein zu heben. Zwar besteht eine Zusammenarbeit mit den vier führenden Rechtsschulen in Ägypten, die immer noch den Koran als unantastbar betrachten und die Lehre lediglich auslegen, aber nicht weiter entwickeln. Während die Islamforschung in den arabischen Ländern noch völlig in den Anfängen liegt, erlebe ich mit Freude und Anerkennung die Bemühungen um sein Verständnis in Deutschland und Europa. Katharina Mommsen, eine langjährige Freundin von SEKEM und Autorin des bisher unübertroffenen Standardwerkes über Goethe und den Islam, erzählte uns, wie die religiöse Verschiedenheit an der Stanford University, USA gelebt wird. Während jeder Einzelne seine eigenen religiösen Bedürfnisse ganz privat pflegt, gibt es auf dem Campus einen gemeinsamen Raum, der für alle Religionen offen ist und von allen genutzt werden kann. Man kann sich in einen Kalender eintragen bzw. erfahren, wann welcher Gottesdienst stattfindet. Diese religiöse Offenheit begrüße ich außerordentlich und bin zuversichtlich, dass die jetzigen Abgrenzungserscheinungen in einigen Jahrhunderten Geschichte sein werden.

3. SOZIALE PROZESSE

NEUE FORMEN DER ZUSAMMENARBEIT

Eine faire und gerechte Gesellschaft betrachtet jedes Individuum mit Menschenwürde und mit Rechten wie die Gleichbehandlung vor dem Gesetz und Chancengleichheit ausgestattet. Eine solche Gesellschaft von Individuen wird als Hauptvoraussetzung für eine weltweite friedliche Entwicklung heute wie in Zukunft angesehen.

Wie kann SEKEM diesen Anforderungen gerecht werden und sie für Ägypten umsetzen, um innerhalb des Landes und für andere arabische und afrikanische Länder Vorbild zu sein? Welche Hindernisse müssen überwunden werden, um die menschliche Würde jedes einzelnen Mitarbeiters zu garantieren?

Weil wir die Vielfalt der Menschen als Bereicherung für die Gemeinschaft und unsere Arbeit ansehen, haben wir uns selbst verpflichtet, ein international anerkanntes Niveau zu erreichen und mit unserem Verhaltenskodex eine freiwillige Selbstkontrolle eingerichtet. Der Verhaltenskodex von SEKEM erkennt die Menschenrechte und die Rechte der Arbeitenden an, er steht für ethisches Wirtschaften, unterbindet Korruption und fördert das Umweltbewusstsein. Jeder neue Mitarbeiter von SEKEM erhält den Code of Contact mit seinem Anstellungsvertrag ausgehändigt. Über die ethischen Grundsätze unseres Zusammenarbeitens möchte ich hier noch einige Einzelheiten ausführen.

Zur Organisation sozialer Prozesse gründeten wir bereits in den Neunziger Jahren eine Kooperative für Mitarbeiter, die *Cooperative of SEKEM Employees* (CSE). Sie ist eine eigenständiges Organisation, die alle Wirtschaftsbetriebe und kulturellen Einrichtungen durchzieht. Die Einrichtung der CSE bedeutete einen großen Schritt zur Selbstständigkeit der Mitarbeiter, da sich die Menschen um mich herum daran gewöhnt hatten, dass ich alle sozialen Fragen und Streitigkeiten selbst als Autorität regelte und ordnete. Nun werden diese Aufgaben von qualifizierten Sozialpädagogen, Psychologen und Juristen übernommen. Allmählich ergriffen die Mitarbeiter die Chancen, die die neu eingerichteten Vereinbarungen ihnen boten, und wuchsen in ein selbstbewussteres Handeln hinein. Jedes SEKEM Unternehmen hat Mitarbeiter, die sich um die rechtlichen und sozialen Fragen kümmern und für die Einhaltung des Verhaltenskodex eine Art Wächterfunktion übernehmen. Sie tragen die Verantwortung, alle Fragen und Vorschläge der Mitarbeiter an die Manager zu weiterzuleiten.

Ein weiterer Bereich der CSE kümmert sich um Fragen des sozialen Miteinanders und tritt bei Streitigkeiten als Schlichter auf. Bei Schwierigkeiten innerhalb eines Betriebes oder einer kulturellen Einrichtung hört sich ein unabhängiger Mitarbeiter eines anderen Betriebes die Probleme an, hinterfragt und berät. Die Erfahrung zeigt, dass sich allein durch dieses Vorgehen bereits viele Probleme lösen lassen. Treten auf der Ebene der Betriebsmanager Konflikte auf, ist dieses einfache Coaching-Verfahren nicht geeignet. Dann kommt ein speziell geschulter Mitarbeiter der CSE ins Spiel, der zwischen den Managern vermittelt.

Eine gesonderte Abteilung der Mitarbeiterkooperative CSE kümmert sich bei der Einstellung um die neuen Mitarbeiter. Haben die Menschen ihre Arbeitszusage erhalten, werden auch ihre Rechte und Pflichten mit ihnen besprochen. Der Arbeitsvertrag berücksichtigt auch die verschiedenen Aspekte der Sozialversicherung. Unsere Arbeiter haben die Wahl, der staatlichen Gesundheitskasse beizutreten oder der privaten Versicherung, die von SEKEM anteilsmäßig unterstützt wird. Neue Mitarbeiter werden mit dem Konzept von SEKEM bekannt gemacht. Es umfasst viele Einheiten für Selbstentwicklung und persönlichkeitsbildende Schulungen sowie kulturelle Veranstaltungen (ca. zehn Prozent der Arbeitszeit). Jeder Arbeitnehmer erhält mittags eine warme, gesunde Mahlzeit. In der schönen Umgebung SEKEMS gibt es ausreichend Pausenmöglichkeiten, u.a. einen Sportplatz.

Das alles ist uns in SEKEM wichtig, weil wir Arbeit und Menschenbildung nicht trennen wollen, sondern im Gegenteil Arbeit als Beitrag zur Menschenbildung dazugehört. Diese Schulungen sind ein Beitrag zur nachhaltigen Entwicklung der ägyptischen Gesellschaft. Damit sind aber die Aufgaben dieser Sozialarbeiter der CSE noch nicht erschöpft. Sie dokumentieren auch die Lebensumstände der Mitarbeiter, ihren Familien-, Gesundheits- und Bildungsstand, ihre Bedürfnisse und Nöte. Ein Sozialfond wurde eingerichtet, in den alle Mitarbeiter monatlich einen Betrag einzahlen und aus dem jeder bei einer Heirat, einer Geburt oder einem Todesfall eine zusätzliche finanzielle Unterstützung erwarten kann.

Auf SEKEM gibt es Dinge, die grundsätzlich (auch aus Sicherheitsgründen) verboten sind wie insbesondere das Rauchen. Hier haben wir gute Erfahrungen mit gesundheitlichen Aufklärungsveranstaltungen gemacht, die im Rahmen der wöchentlichen Mitarbeiterstunden stattfinden. Mediziner, Psychologen und Suchtberater arbeiten auf diesem Feld zusammen.

Die beschriebene Abteilung der CSE kümmert sich auch um die Arbeitsbedingungen der Angestellten auf SEKEM, sie gehen durch die Betriebe, sprechen mit den Mitarbeitern und achten darauf, wo möglicherweise durch die beson-

Sozialeurythmie mit Feldarbeitern

deren Bedingungen des Arbeitsplatzes Mängel oder Gesundheitsgefahren auftreten.

Ein weiterer wichtiger Grundsatz: SEKEM fördert Chancengleichheit für Männer und Frauen, behinderte Menschen und Menschen aller Nationalitäten und Religionen. Besondere Schulung und Unterstützung erfahren Frauen durch Mikrokredite, Bildungsveranstaltungen und Angebote für Heimarbeit. Denn die meisten Frauen heiraten noch immer sehr jung und müssen ihren Arbeitsplatz aufgeben und zuhause bleiben. SEKEM ermöglicht Frauen die Weiterbeschäftigung und verhilft ihnen damit zur Unabhängigkeit und persönlichen Entwicklung.

Eine Aufgabe der CSE ist außerdem die Verbesserung der Lebensbedingungen der Arbeiter in der Umgebung von SEKEM. Hier fehlte es oft am Nötigsten. Zum Beispiel wurde dafür gesorgt, dass im Umfeld von SEKEM Straßen asphaltiert, Telefone installiert und ein Postamt gebaut wurde. Ein gewaltiges Problem stellten jahrelang die hygienischen und sanitären Verhältnisse der Arbeiter und ihrer Familien dar. Aufgrund mangelhafter Infrastruktur in den Dörfern, die um SEKEM herum entstanden, gab es verunreinigtes Trinkwasser. Mit Unterstützung der Europäischen Union konnte eine Wasseraufbereitungsanlage gebaut und fließendes Wasser in alle Häuser geleitet werden. Auch einfache Toiletten für die Dorfbewohner entstanden im Rahmen dieser Initiative.

SEKEM ALS ANWALT NACHHALTIGER ENTWICKLUNG WELTWEIT

Ab dem Jahr 2003 traten für SEKEM Ereignisse ein, die für uns noch einmal ein ganz neues Kapitel eröffneten. Fünfundzwanzig Jahre lang konnte sich SEKEM im Stillen entwickeln, ohne dass wir öffentlich viel darüber gesprochen hatten. Dann wurde SEKEM zu einem Symposium des renommierten Council of Foreign Affairs in den USA eingeladen, um vor Entscheidungsträgern aus Politik und Öffentlichkeit über die Aktivitäten der Zivilgesellschaft in einem islamischen Land zu berichten. Das kam für uns völlig überraschend. Die Nachhaltigkeit unseres Konzepts wurde gewürdigt und wir spürten erstmals in einem internationalen Rahmen etwas vom Wert SEKEMS für die Welt und gleichzeitig die Verantwortung, diesen Impuls in die Welt zu tragen.

Im Sommer 2003 wählte uns die Schweizer Schwab Foundation als herausragendes Sozialunternehmen aus. SEKEM galt dieser angesehenen Schweizer Stiftung als Modell einer nachhaltigen sozialen Entwicklung und wurde zum Weltwirtschaftsforum nach Davos eingeladen. Dort war es uns besonders wichtig zu betonen, dass in SEKEM Bildung und Kultur nicht etwa als »Zuckerguss« zum Wirtschaftsleben hinzukämen, sondern die vielfältigen Lebensbereiche Wirtschaft, Kultur, Recht und Natur stets eine Einheit bildeten.

Im September 2003 erreichte mich schließlich völlig unerwartet ein Anruf aus Stockholm: »Wir gratulieren – Sie sind zum Träger des Alternativen Nobelpreises ernannt worden!« Plötzlich stand SEKEM in einer Reihe mit vielen anderen ehrwürdigen Pionieren einer sozialen und humanen Entwicklungsarbeit. Im Dezember 2003 wurden wir im schwedischen Parlament für die Verdienste um ein menschenwürdigeres Leben feierlich mit dem Right Livelihood Award geehrt.

Universitäten aus der westlichen Welt begannen sich für das Modell SEKEM zu interessieren und Fallstudien durchzuführen. Im Jahr 2004 erhielt ich von allen Universitäten Ägyptens Ehrungen. Das staatliche Fernsehen Ägyptens ließ einen Dokumentarfilm über unser Projekt erstellen und in allen arabischen Ländern ausstrahlen.

Helmy gründete den Rat für nationale Wettbewerbsfähigkeit in Ägypten (Egyptian National Competitiveness Council, ENCC), der auf nationaler Ebene Strategien in den Bereichen Innovation, Grüne Transformation und Bildung entwickelt. Er arbeitete in diesem Gremium mit hohen Regierungsautoritäten und Ministern zusammen, entwickelte Programme und initiierte Gesetze für nachhaltige Entwicklung in ganz Ägypten.

SEKEM begann also, weltweit bekannt zu werden und sich in ein Konzert von Menschen und Initiativen einzureihen, denen es um eine gesunde Zukunft auf der Erde geht. Das »Netz des Lebens«, das SEKEM mit seinen Initiativen bilde-

Verleihung des alternative Nobelpreises im Parlament von Stockholm 2003 durch Jakob von Uexküll

te, verband sich mehr und mehr mit einem größeren, weltweiten Netz. Unsere Wirksamkeit wurde global wahrnehmbar und durch internationale Foren in der Welt bekannt.

Drei Ehrungen möchte ich besonders herausgreifen: 2005 erhielt ich die Ehrendoktorwürde der Medizinischen Universität Graz und der Technischen Universität Graz und 2010 die Ehrenbürgerschaft der Stadt Graz in Österreich. Das Land, dem ich meine Ausbildung verdanke, schenkte mir und SEKEM seine Anerkennung! Die damalige österreichische Außenministerin Benita Ferrero-Waldner fand dazu die Worte: »Mit der Verleihung des Alternativen Nobelpreises an Ihr Lebenswerk wurde ein wichtiges Zeichen dafür gesetzt, dass sich der Erfolg eines Unternehmens der Zukunft nicht in Gewinnmaximierung alleine erschöpft, sondern dass geschäftlicher Erfolg eng mit der sozialen und kulturellen Entwicklung einer Gesellschaft verbunden werden kann. Die Jury hat damit die Bedeutung eines erfolgreichen Wirtschaftens durch Menschlichkeit und Zuwendung für eine bessere Zukunft in unserer oft von Gewalt und Unmenschlichkeit gezeichneten Welt anerkannt. Ich möchte Ihnen versichern, dass auch wir auf Sie und Ihre Leistung stolz sind.«

Auch zur Verleihung des deutschen Bundesverdienstkreuzes sowie des »Business for Peace Awards« in Oslo, der von Nobelpreisträgern ausgewählt wird, durfte ich wertschätzende Worte hören. Für mich sind diese Anerkennungen eine große Freude, weil dadurch die Idee nachhaltiger Entwicklung weitere Verbreitung finden und vielen Menschen durch ein konkretes Beispiel Inspiration und Hoffnung gegeben werden konnte.

Seither werden Helmy und ich in der ganzen Welt eingeladen, über SEKEM zu sprechen. Jährlich im Januar nahm ich am Weltwirtschaftsforum in Davos teil, knüpfte weltweit wichtige Kontakte und durfte von SEKEM, dem Wunder in der Wüste, wie es bald genannt wurde, erzählen. Auf diese neuen Dimensionen waren wir überhaupt nicht vorbereitet. Wir brauchten jemanden, der Journalisten und Politikern die Vision SEKEMS und ihre Umsetzung vorstellte. Damals übernahm Helmy diese Rolle und immer mehr Kraft floss in das Repräsentieren nach Außen. In manchen Zeiten war es so extrem, dass Helmy innerhalb Ägyptens und auch international in mehr als 50 verschiedenen Ausschüssen und Organisationen gleichzeitig tätig war. Jede Woche war er in der Welt unterwegs, traf wichtige Regierungschefs und Unternehmer. Er versuchte aufzuzeigen, dass konventionelles wirtschaftliches Wachstum keine Probleme löst, sondern oft erst schafft und versuchte den Politikern die Sicht- und Handlungsweise SEKEMS nahezubringen. Doch viele Politiker stehen unter hohem Druck und Terminstress, so dass sie keine Zeit für eigenen Inspirationen finden und dadurch viel zu oberflächlich und bürokratisch agieren. Das Wirtschaftssystem scheint ihnen so übermächtig, dass sie meinen, darin gefangen zu sein. Helmy arbeitete außerdem gemeinsam mit der UN Organisation für industrielle Entwicklung (UNIDO), mit IFOAM sowie im Bund ökologischer Lebensmittelwirtschaft, mit vielen Universitäten und Nicht-Regierungsorganisationen (NGOs) auf internationaler Ebene zusammen.

DIE VISION WIRD GEPRÜFT

Durch die zahlreichen Aufgaben fehlte Helmy häufig in SEKEM und er hetzte schließlich selbst wie die meisten Politiker von Termin zu Termin. Für SEKEM war das eine Prüfung. Hinzu kam, dass ich 2005 ernsthaft erkrankte. Wir alle waren so sehr mit Arbeit eingedeckt, dass wir die Zukunft aus den Augen verloren hatten und schließlich 2011 vom ägyptischen Aufstand völlig überrascht wurden. Helmy brachte es rückblickend in die Worte: »Die Welt zu retten ist nicht nur gut, weil man Gefahr läuft, die wirklich wichtigen Dinge des Lebens aus den Augen zu verlieren.« Als sich abzeichnete, dass Mubarak seine Präsidentschaft würde aufgeben müssen, wurden viele Minister und auch etliche private Aktivisten inhaftiert, denen man Veruntreuung und Korruption vorwarf. Auch Helmy wurde von der Staatsanwaltschaft vorgeladen wegen Korruptionsvorwürfen im Rahmen seiner Tätigkeit als Vorstandsvorsitzender des staatlichen Industrial Modernisation Centers.

Helmy kam in Untersuchungshaft und wurde mit einem Schlag, wie er rückblickend schilderte, innerlich ganz still. 100 Tage lebte er ohne Telefon und Termine. Gleich zu Beginn der Untersuchungshaft war ihm klar, dass diese Zeit eine große Chance für einen persönlichen Neuanfang bedeuten würde.

Helmy und einige Minister der ehemaligen Regierung Mubaraks wurden freigesprochen. Seitdem konzentriert sich Helmy auf die Entwicklungsaufga-

ben in SEKEM. Die Öffentlichkeitsarbeit hat er deutlich reduziert und
er ist aus den meisten nationalen und
internationalen Gremien zurückge-
treten.

Diese harten persönlichen Prüfungen in einer Zeit nationaler Krise
haben zu einer enormen Weiterentwicklung geführt, persönlich wie
auch für SEKEM. Viele Mitarbeiter
sind an den Aufgaben gewachsen.
Aber auch die Vision wurde geprüft
– man bedenke, dass in den drei Jahren der Revolution rund zwei Drittel
aller ägyptischen Unternehmen zugrunde gingen. SEKEM hat standge-
halten! Das ist das Wunder in dieser
Zeit. In der Dunkelheit der Zeitereig-
nisse haben wir alle uns verwandelt.
Ich fragte mich, was die Welt verlieren würde, wenn es SEKEM nicht

Helmy und Ibrahim Abouleish

mehr gäbe. Die Welt schaute ja gerade in der Zeit der Krise auf SEKEM, wo es
gelungen war, die nachhaltige Entwicklung auf allen Lebensgebieten zu reali-
sieren und zu erhalten.

Ich erlebte, wie viele Menschen in Ägypten nicht nur aus materieller Armut,
sondern insbesondere wegen ihrer mangelnden Bildung eine Beute für die Anhänger der Moslembrüder wurden, die sich gerade solche innerlich verarmten
Seelen aussuchen und verführen. Doch auch unter den gebildeten Menschen
herrschte Pessimismus und Hoffnungslosigkeit. Ich selber dagegen kam mir oft
vor wie ein Fremder mitten im Chaos, ein Wunder an Hoffnung: »Wir können
uns weiterentwickeln, wir können an Wesentlichem arbeiten«, sagten Helmy
und ich uns jeden Morgen. In der größten Dunkelheit erlebten wir Licht und
Hoffnung! Das Vertrauen in die geistigen Hilfen und die Treue zur Vision – das
war es, was SEKEM gestärkt hat.

Im Sommer 2012 spürte ich wieder neue Kräfte. Nach jahrelangen, zum Teil
zermürbenden Genehmigungsverfahren erhielten wir endlich im September
2012 die Zusage für die Eröffnung der von uns seit langem vorbereiteten Heliopolis Universität für nachhaltige Entwicklung – für drei Fakultäten: Technik,
Pharmazie und Wirtschaft.

4. Die Natur als sozialer Lehrer

Dynamisches Gleichgewicht

Je intensiver ich mich mit den großen Problemen unserer Zeit befasse, umso mehr begreife ich, dass sie nicht als Einzelprobleme verstanden werden können. Erklärbar werden diese Probleme nur als verschiedene Ausprägungen ein- und derselben Krise, die in erster Linie eine Krise der Wahrnehmung ist. Ihr Keim liegt darin, dass die meisten von uns auf ein überholtes Weltbild fixiert sind, auf eine Wahrnehmung der Tatsachen, die einem angemessenen Umgang mit unserer global vernetzten Welt nicht mehr gerecht wird. Ich erkannte, dass wir ein neues wissenschaftliches Verständnis des Lebens, verschiedene lebende Systeme, Gesellschaftssysteme und Ökosysteme brauchen. Dies beruht auf einer neuen Wahrnehmung der Wirklichkeit, und dies wiederum hat tiefgreifende Auswirkungen, nicht nur auf die Wissenschaft und die Wirtschaft, sondern auch auf Politik, auf Bildung und das Alltagsleben.

Die Sorge um unsere Umwelt ist vordringlich geworden, wir stehen vor einer ganzen Reihe alarmierender globaler Probleme. Der Erde und auch dem menschlichen Organismus werden Schäden zugefügt, die äußerst schwerwiegend sind. Dabei gäbe es durchaus Lösungen für die großen Probleme unserer Zeit, aber sie erfordern eine radikale Erneuerung unserer Wahrnehmung, eine Wende in unserem Denken, einen Wandel unserer Werte. Das erfordert neue Erziehungsmethoden, einen Lehrplan, der unsere Sinne schult und das Denken anregt. Die Weltgemeinschaft bemüht sich beispielsweise seit 2004 in der von der UNESCO ausgerufenen Dekade für nachhaltige Entwicklung 2004 – 2014 in dieser Richtung. Ich sehe hier die Notwendigkeit für einen Paradigmenwechsel. Dieser erfordert nicht nur eine Ausweitung der Wahrnehmungs- und Denkweisen, sondern darüber hinaus auch eine Neuformulierung der Werte. Interessanterweise gibt es heute eine enge Verbindung zwischen dem Wandel des Denkens und dem Wandel der Werte. Ein wesentliches Merkmal aller lebenden Systeme ist ein dynamisches Gleichgewicht zwischen Selbstbehauptung und Integration. Keiner dieser Pole ist an sich gut oder schlecht. Gut ist ein dynamisches Gleichgewicht beider.

Der Wert der Selbstbehauptung wird heute von der ökonomischen und politischen Macht sanktioniert. Dies ist einer der Gründe, warum der Wechsel zu

Weisheit der Natursprache

einem ausgeglichenen Wertesystem (der Ausgleich zwischen Selbstbehauptung und Integration) für die meisten Menschen so schwierig ist. Alle Lebewesen sind Teil ökologischer Gemeinschaften, die durch ein Netz wechselseitiger Abhängigkeiten miteinander verbunden sind. Wenn diese Wahrnehmungsweise zum Alltagsbewusstsein würde, dann entwickelte sich auch eine vollkommen neue Art der Spiritualität: Es würde bewusst werden, dass der Geist, der in der Welt waltet, und ich eins sind. Das Prinzip der Fürsorge ergibt sich ganz natürlich, wenn das Selbst erweitert und vertieft wird, so dass der Schutz der freien Natur als Schutz unseres tieferen Selbst empfunden und verstanden wird. Wenn wir einen bestimmten Bewusstseinszustand erreicht und erfahren haben, nämlich, dass wir ein Teil im Netz des Lebens sind, dann werden wir uns gerne um die gesamte lebende Natur und unsere Mitmenschen kümmern. Das Staunen, das sich aus einem achtsamen Miteinander mit diesem Netz der Verbundenheit ergibt, kann die ethische Grundhaltung im kulturellen Bereich fördern.

Die Rohstoffe, die der Natur entnommen werden, werden durch menschliche Arbeit veredelt. Die Vermarktung und Verteilung schafft einen Mehrwert und der daraus entstandene Gewinn steht im Idealfall der weiteren Entwicklung zur Verfügung. Die Wirtschaft in SEKEM arbeitet mit dem kulturell-ethischen und ökologischen Feld so zusammen, dass durch Wertschöpfung die Natur gestärkt wird. Bei allen wirtschaftlichen Prozessen wird bei uns darauf geachtet, das Recht auf Leben zu respektieren. Im Bereich des Wirtschaftens reflektieren wir in einem jährlich erscheinenden Nachhaltigkeitsbericht, wie weit unsere Produkte innerhalb der Wertschöpfungskette wirklich unseren Wertmaßstäben entsprechen.

Der rechtliche oder politische Bereich sollte den wirtschaftlichen Bereich regeln, ja sogar, wo sinnvoll, durch Besteuerung lenken. Ökologisch schädliche Produkte müssten durch die Einrichtung von Ökosteuern deutlich teurer sein als Waren, die im Einklang mit der Natur hergestellt wurden – also genau umgekehrt, als es bisher geschieht.

Auf sozialem Gebiet besinnen wir uns in SEKEM immer wieder, ob genug für den Schutz der Menschenrechte getan wird und gerechte Arbeitsbedingungen schon genügend verwirklicht werden. Das kulturelle Leben konzentriert sich auf die Frage, wie wir die Entwicklung der Individualität unserer Mitarbeiter entwickeln helfen können.

Auf ökologischem Gebiet schließlich wollen wir die Auswirkungen unseres Handelns auf die Umwelt verstehen und verändern lernen. Die Viergliederung des Lebens mit den Feldern von Natur, Recht, Wirtschaft und Kultur ist ein Konzept, das die nachhaltige Entwicklung in seinen vier Grund-Dimensionen widerspiegelt.

Biologisch-Dynamischer Bauer

SCHÖPFUNG AUS DER BALANCE

Das Modell SEKEM hat sich über bisher drei Jahrzehnte ganz allmählich entfaltet. Es begann mit der Urbarmachung der Wüste und nachhaltiger biologischer Landwirtschaft, die auch heute noch die Grundlage für alles andere bildet – die Vision der fruchtbaren, blühenden Wüste. Heute ist daraus eine Kooperation mit 800 Farmen in ganz Ägypten geworden. Hinzu kamen dann die Produkte verarbeitenden Unternehmen, die in der SEKEM Gruppe zusammengeschlossen sind.

Gleichzeitig zu diesem äußeren Prozess entwickelte sich ein inneres Wachstum durch die Gründung der SEKEM Stiftung (SEKEM Development Foundation, SDF), die Träger aller kulturellen Aktivitäten, der Schulen, der Erwachsenenbildung, Gesundheit und Forschung ist. Das Erlebnis der harmonischen Ausgewogenheit zwischen dem äußeren und inneren Leben entsteht aus einem tieferen Verständnis der Idee der Entwicklung. In meiner Seele lebe ich ständig diese Balance. Das beginnt mit meinen eigenen geistigen Quellen, die in den unterschiedlichsten Kulturräumen liegen. Ich bin Moslem und bin im Orient geboren, ich bin inspiriert von islamischen Denkern, Künstlern und Philosophen wie Alf Arabi, Averoes, Avicenna, Rumi, Taha Hussein, Mohamed Abdo, Nagib Mahfuz – um nur einige zu nennen. Aber ich fühle mich genauso dem Christentum und dem europäischen Gedankengut und damit dem Okzident verbunden. Mich auf eine Geistesart festlegen zu wollen, hieße mich einzuengen. Dieses Bemühen um Transformation, gleichzeitig mehrere Welten in sich zu vereinen, ein Drittes zu werden, das einen höheren, integralen Gesichtspunkt einnimmt, lebt in ganz SEKEM, wo viele unterschiedliche Kulturen und religiöse Strömungen zusammenarbeiten.

Weintrauben

Kompost

Reis

Tomaten

100 Prozent biologisches Ägypten

Studien zeigen, dass die gewöhnliche Wirtschaftsweise in der Landwirtschaft in Zukunft unerschwinglich und leistungsarm für ein Land wie Ägypten sein wird, weil es zu einem Mangel an natürlichen Ressourcen bei einer wachsenden Bevölkerung führt. Es erfüllt mich mit Freude, dass organische Landwirtschaft als Alternative in Ägypten im Zunehmen begriffen ist. In den kommenden 50 Jahren wird nur eine nachhaltige, biologische Landwirtschaft genug Nahrung für weltweit neun Milliarden Menschen kostengünstig produzieren. Schon jetzt setzt sich SEKEM für eine hundert Prozent biologische Landwirtschaft in Ägypten ein.

Als ich mein Augenmerk verstärkt auf den ökologischen Bereich richtete, hatte dies zugleich Auswirkungen auf alle anderen Felder. Alle Firmen werden unter den Gesichtspunkten der Balance, der Nachhaltigkeit, Diversität und Entwicklungsfähigkeit immer wieder neu ausgerichtet. Die Heliopolis Universität forscht unter anderem im landwirtschaftlichen Bereich: Pflanzenschutz, Bodenverbesserung, Optimierung im Heilpflanzenanbau sowie Bewässerungsmethoden und lässt die Forschungsergebnisse anwenden. Dabei setzen wir uns bewusst einer Selbstkontrolle aus und messen anhand von internationalen Standards unsere Erfolge und Misserfolge. Die Ergebnisse werden in einem Report auf der SEKEM Homepage veröffentlich und transparent gemacht.

Die organische Landwirtschaft wird zunehmend wichtiger, denn unter den landwirtschaftlichen Bedingungen Ägyptens spielt der Humusgehalt des Bodens eine Schlüsselrolle für die Ökologie und Wirtschaftlichkeit der Farmen. Unsere gesamte Lebensqualität ist abhängig von der natürlichen Ressource Boden, jener dünnen Schicht, die Leben birgt. Wir dürfen nicht nur aus der Natur nehmen, wir müssen auch etwas zurückgeben. SEKEMS Böden sind heute dank einer ausgiebigen Kompostwirtschaft voller Mikroorganismen und organischem Material. Freudig nahm ich einmal zur Kenntnis, dass wir dadurch auch der arabischen Sprache ein neues Wort hinzugefügt haben: Kompost ist ein arabisches Synonym geworden. SEKEM stellt Kompost überwiegend aus Kuhdung und Pflanzenabfällen her und beliefert damit seine Partnerbetriebe. In den beiden Kompostbetrieben, die in Zusammenarbeit mit Soil&More entwickelt wurden, werden in Adhleya und nahe Alexandria täglich 200 Tonnen Material umgesetzt. Zusätzlich beachten wir die natürliche Fruchtfolge und setzen die biologisch-dynamischen Präparate ein.

VIERTER TEIL

»Wahrscheinlich darf man ganz allgemein sagen, dass sich in der Geschichte des menschlichen Denkens oft die fruchtbarsten Entwicklungen dort ergeben haben, wo zwei verschiedene Arten des Denkens sich getroffen haben. Diese verschiedenen Arten des Denkens mögen ihre Wurzeln in verschiedenen Gebieten der menschlichen Kultur haben oder in verschiedenen Zeiten, in verschiedenen kulturellen Umgebungen oder verschiedenen religiösen Traditionen. Wenn sie sich nur wirklich treffen, d.h. wenn sie wenigstens so weit zueinander in Beziehung treten, dass eine echte Wechselwirkung stattfindet, dann kann man darauf hoffen, dass neue und interessante Entwicklungen folgen.«

Werner Heisenberg

1. SEKEM im Zeichen nachhaltiger Entwicklung

Meine eigenen geistigen Quellen liegen in den unterschiedlichsten Kulturräumen: in der islamischen Welt und im europäischen Geistesgut. Die reine spirituelle Liebe, die zur Brüderlichkeit führt, lernte ich bei Ibn Arabi kennen. Auch Avicenna (Ibn Sina) ist mein Vorbild als Forscher auf vielfältigen Lebensgebieten: Mathematik, Medizin, Astronomie, Musik, islamische Philosophie und Rechtslehre. Averoes (Ibn Rushd) ist nicht nur der Vater der islamischen Philosophie, sondern er verfasste auch grundlegende Werke in der Medizin und Astronomie, die bis heute die Basis des europäischen Kulturguts sind. Er öffnete mir die Augen für die Weisheit des spirituellen Islam und der sozialen Zusammenhänge und deren Gestaltung.

Die klassische Musik, Bach, Beethoven, Mozart und Händel, haben meine Seele geweitet und genährt, ebenso wie die genialen europäischen Künstler aus Italien, Spanien, Frankreich, Deutschland und Holland. Zu meinen wichtigen Inspirationsquellen, die die nachhaltige Entwicklung von SEKEM befruchtet haben und immer wieder neu impulsieren, gehören Goethe mit seinem Entwicklungsgedanken und Rudolf Steiners Gedankenwelt mit ihren praktischen Anwendungen in vielen Lebensbereichen.

Auch die Weltsicht des norwegischen Philosophen Arne Naess, des Begründers der Tiefenökologie, begeistert mich. Er trennt den Menschen nicht von der Umwelt und sieht die Welt nicht als Summe von isolierten Objekten, sondern als ein Netzwerk von Phänomenen, die grundsätzlich miteinander verbunden und wechselseitig voneinander abhängig sind.

Man kann auch die vier grundlegenden Lebensbereiche (Kultur – Recht – Wirtschaft – Natur) nicht isoliert betrachten. Wenn wir auf die Probleme in Ägypten blicken, dann sind es systemische Probleme, das heißt, sie sind miteinander verbunden und wechselseitig voneinander abhängig. Vom systemischen Standpunkt aus betrachtet sind die einzig brauchbaren, zukunftsfähigen Lö-

Die Göttin MAAT

sungen diejenigen, die nachhaltig sind. Nachhaltige Entwicklung kann in den unterschiedlichen Lebensgebieten wirken:

- In der Wirtschaft mit der Produktion, Vermarktung und dem Vertrieb von Dienstleistungen und Produkten;

- im sozialen Zusammenleben mit seinen Rechtsvereinbarungen;

- im kulturellen Leben, das Wissenschaft, Religion, Kunst, Erziehung, Gesundheit und Forschung umfasst;

- und in der Natur, die unsere Lebensgrundlage bildet.

Das Zusammenwirken dieser vier Bereiche geschieht aus einem tieferen Verständnis der Idee der Entwicklung. In allen vier Lebensbereichen braucht es gleichgesinnte, selbständige, initiative Menschen, die ihre Ziele mit Durchsetzungskraft umsetzen und gleichzeitig Interesse an der Entwicklung der anderen Lebensbereiche haben.

Der gemeinsame Quell sind die Werte der nachhaltigen Entwicklung, aus der die vier Glieder schöpfen, ein Vertrauen in die geistige Welt und zueinander. Meine Vision ist es, dass aus dieser Gesinnung heraus jeder in seinem Tätigkeitsbereich arbeitet, etwas riskiert, kämpft, sorgt und sich gleichzeitig mit voller Hingabe in der Liebe zur Tat der anderen Verantwortungsträger mit den anderen Bereichen koordiniert. Die gemeinsame Anstrengung ruft – bezogen auf die gesamte Erscheinung – ein Gefühl von ausgeglichener Einheit, Einfachheit und Leichtigkeit hervor. Die der Harmonie innewohnende tiefe Übereinstimmung, der Gleichklang und die Einheit einer Vielfalt wird als angenehm, ja als ästhetisch schön empfunden. Im alten Ägypten war die Kunst Ausdruck der göttlichen Ordnung und die Göttin MAAT repräsentierte die Harmonie, den Wohlklang, das richtige Maß, die Ausgewogenheit gegenüber jeder Unmäßigkeit.

Mit jeder Sinneswahrnehmung werden Verbindungen und Strukturen unseres Nervensystems verändert. Diese Veränderungen beeinflussen wiederum unser Verhalten. Die Kunst verändert uns mit ihrer heilenden Kraft der Harmonie und läutert unser Gemüt. Die Botschaft der Musik ist göttlichen Ursprungs, Nachklang der kosmischen Ordnung, sie ist ein Weg zur Heilung des Menschen, der Gesellschaft und der Erde.

Wenn das Denken künstlerisch wird, bewegt es sich in Bildern. Das Bild der Viergliederung des Lebens ist eine große Gebärde, in der alle einzelnen Glieder lebendig bewegt sind und miteinander zusammenhängen. Ein großes Ganzes, eine übergeordnete Idee umschließt und formt die einzelnen Gestalten, die wie Organe in einem großen Organismus eingebettet sind. SEKEM hat sich zu seiner jetzigen Form organisch entwickelt.

- Auf wirtschaftlicher Ebene hat sich SEKEM Ziele gesetzt mit der Entwicklung und Herstellung von Heilmitteln sowie von Produkten und Dienstleistungen, die den wirklichen Bedürfnissen der Verbraucher entsprechen und höchsten Qualitätsansprüchen genügen. Die Vermarktung basiert auf transparenter, vertrauensvoller Zusammenarbeit zwischen Bauern, Produzenten, Händlern und Verbrauchern.

- Im Kulturellen steht die individuelle Entwicklung des Menschen im Zentrum. Die SEKEM Entwicklungsstiftung (SEKEM Development Foundation) ist Träger der Ausbildungsstätten für Kinder, Jugendliche und Erwachsene und der Einrichtungen für Gesundheitsvorsorge und Therapie. Die Heliopolis Universität strebt nachhaltige Entwicklung für Menschen, Gemeinschaften und für die Umwelt an. Wissenschaft, Kunst und Forschung ermöglichen Entwicklungsimpulse für eine fortwährende Weiterentwicklung.

- Im Sozialen gestaltet SEKEM mit Menschen aller Nationen eine Gemeinschaft, die die individuelle Menschenwürde anerkennt, die lernendes Arbeiten und arbeitendes Lernen ermöglicht und die Gerechtigkeit und Gleichheit im Rechtsleben realisiert.

- Die Natur ist Grundlage jeder menschlichen Entwicklung. Sie zu schützen und zu pflegen für kommende Generationen durch die Achtung ihrer ökologischen Grundprinzipien ist die Basis aller Tätigkeit in SEKEM. Biologisch-dynamische Landwirtschaft schafft dazu die Grundlage durch Bodenfruchtbarkeit, Kompostwirtschaft und Fruchtfolge. Umweltbewusstsein bildet sich durch Aufklärung, die ein ökologisches Bewusstsein vermittelt, indem auf Probleme des Bodens, des Wassers, der Luft, der Pflanzen und Tiere aufmerksam gemacht wird.

Das so beschriebene Zusammenwirken der vier Glieder des Lebens in einem sozialen Zusammenhang wie SEKEM garantiert seine nachhaltige Entwicklung. SEKEM möchte dafür ein lebendiges Vorbild sein. Es bewegen sich ständig alle Bereiche, immer ist alles in einem fortwährenden Prozess der Entwicklung. Doch das, was in der Theorie fasziniert, übersteigt in seiner komplexen Praxis die linearen menschlichen Vorstellungs- und Bewusstseinsfähigkeiten. Jeder Bereich für sich gesehen ist schon äußerst umfangreich, man steigt tief in die einzelnen Bereiche ein und darf trotzdem den Überblick nicht verlieren. Deshalb braucht es innerhalb der einzelnen Glieder initiative Partner, die diese Prozesse verstehen und ein umfassendes Bewusstsein dafür ausbilden.

2. Globale Netzwerke

International Association of Partnership IAP

Unsere Ziele eines biologischen Rohstoffanbaus und organischer Produktion können wir nur durch stabile und stetige Partnerschaften innerhalb der Wertschöpfungskette erreichen. Deshalb haben wir uns zum Ziel gesetzt, unsere Zulieferbetriebe zu unterstützen, indem wir uns selbst qualitative, soziale und ökologische Standards setzen und mit gleichrangigen Firmen zusammenarbeiten, um praktische Erfahrungen auszutauschen und voneinander zu lernen.

Die Entwicklung von SEKEM ist für mich auch eine Geschichte wunderbarer Partnerschaften:

1983 begannen wir in bescheidenem Umfang mit dem Anbau von Heilkräutern, die zunächst zu Teemischungen verarbeitet wurden. Dieses Geschäft hatte ich bald in einem viel größeren Maßstab gewünscht ausbauen zu können. Gerade zu dieser Zeit lernte ich Ulrich Walter kennen, der damals in Deutschland seinen Betrieb »Lebensbaum« für ökologische Produkte begann und nach qualitätsvollen Heilkräutern suchte. Mit der Unterstützung durch die GLS-Gemeinschaftsbank in Bochum war es allmählich gelungen, eine vollständig auf Transparenz gegründete Assoziationskette aufzubauen. Ulrich Walter war oft in Ägypten, informierte sich über die Arbeitsbedingungen und Produktionsabläufe vor Ort und kommunizierte seine Erfahrungen an seine Konsumenten. Als die Nachfrage wuchs, suchten wir weitere Ländereien, auf denen Bauern Heilkräuter anbauen konnten. In Kooperation mit der Deutschen Entwicklungsgesellschaft und der Schaette AG unter Leitung von Roland Schaette konnten wir den pharmazeutischen Betrieb ausbauen. Über das Geschäft mit dem Frischgemüse lernte ich Volker Engelsmann, den Gründer der Firma EOSTA aus den Niederlanden kennen, der zusammen mit uns eine Assoziation für den Frischgemüsevertrieb einrichtete. Im Jahr 2014 hat sich diese Zusammenarbeit bis nach Indien ausgeweitet. Die fachmännische Koordination der Assoziationen übernahm schon bald Helmy und gründete mit allen Beteiligten die IAP, die International Association for Partnership.

Die IAP ist ein wichtiges Netzwerk in SEKEMS Wirtschafts- und Handelsbeziehungen und gewährleistet eine lückenlose, transparente, dynamische Zusammenarbeit, basierend auf Vertrauen – eine wichtige Geste innerhalb von

Wirtschaften aus Verbundenheit – vom Mitarbeiterkreis in SEKEM bis in weltweite Vernetzung

Wirtschaftsbeziehungen. Unsere Partner bilden zusammen mit den SEKEM Mitarbeiten eine langjährige treue Zusammenarbeit, die die heutige Entwicklung von SEKEM weitgehend mitgestaltet hat. Das gemeinsame Ziel ist Transparenz zwischen allen am Wertschöpfungsprozess Beteiligten vom Bauern bis zum Endverbraucher, um hochwertige biologische Produkte anbieten zu können. Das IAP Forum setzt sich deshalb ständig für eine Verbesserung der Boden- und Nahrungsmittelqualität ein.

Die Mitglieder der IAP tauschen Marktinformationen aus, planen ihr Vorgehen zur Vermarktung biologischer Produkte, finanzieren neue Projekte und unterstützen sich dabei untereinander. Dazu treffen sich die Geschäftsführer dieser Unternehmen viermal im Jahr. Alle verbindet die Verantwortung sowohl den Zulieferern wie den Verbrauchern gegenüber. In Ägypten ist der Aufklärungsbedarf über die gesundende Wirkung biologischer Nahrungsmittel noch immer sehr groß. Wir sehen es als unsere Aufgabe an, über Internet und Facebook sowie einen guten Kundenservice die Endverbraucher zu erreichen und hoffen, eine hohe Kundenzufriedenheit zu erreichen.

DIE SEKEM VEREINE IN EUROPA

Viele Freunde aus aller Welt besuchen SEKEM. Einige hatten sich schon mit der Vision von SEKEM auseinandergesetzt und kamen, um die Idee in ihrer praktischen Umsetzung zu erleben. Es entstanden freundschaftliche Beziehungen, aus denen sich die SEKEM-Vereine in Europa gegründet. Sie haben SEKEM enorm unterstützt im Aufbau der Kultureinrichtungen.

Elfriede und Hans Werner, die 1983 in Deutschland den Verein zur Förderung der kulturellen Entwicklung in Ägypten gründeten, luden mich zu Vorträge und Seminare ein, sie veranstalteten Benefizkonzerte um Menschen für die Idee SEKEM zu begeistern. Elfriede Werner war unermüdlich tätig, Dozenten für die Lehrerbildung und die Erwachsenenbildung zu finden. Sie sammelte Geld für den Aufbau des medizinischen Zentrums und der Schule und brachte mich mit Klaus Fintelmann zusammen, mit dem wir das Schulkonzept und die Lehrlingsausbildung ausarbeiteten. Roland Schaette führt heute den Verein gemeinsam mit vielen lieben Freunden.

Seit meiner Rückkehr nach Ägypten 1977 hatte ich zunächst keinen Kontakt mehr nach Österreich gehabt, bis ich Elisabeth Gergely traf. Sie lud mich mehrmals nach Wien zu Vorträgen ein und hatte großes Interesse an der Entwicklung von SEKEM. Seither verband mich eine intensive Freundschaft mit ihr. Gemeinsam mit Ernst Rose und Hermann Becke gründete sie den Verein SEKEM Österreich.

In Holland entdeckten uns Mieke und Erik van Asbeck, mit denen mich eine tiefe Freundschaft verbindet. Gemeinsam mit Corien Hoek gründeten sie den SEKEM Vriendenkring und unterstützen seither zahlreiche Projekte im Bildungsbereich, vor allem die Bildungsprojekte der Kamillenkinder und den Aufbau der heilpädagogischen Arbeit. Auch die finanzielle Unterstützung der Eurythmieausbildung in SEKEM war ein wichtiger Beitrag durch die holländischen Freunde.

Viele Freunde aus der Schweiz, die ich seit langem kannte, haben uns immer die besten Wünsche gesendet. 2003 lernte ich Clara Niggli kennen, die zusammen mit Daniel Baumgartner und weiteren Schweizer Freunden den Schweizer SEKEM Verein gründeten. Gemeinsam mit Fausi Marti haben sie den Ausbau der Schreinerlehrlingswerkstatt unterstützt.

Eines Tages besuchte uns Ragnhild Nielsen. Für mich ist sie das »Nordlicht« aus Norwegen, eine Kommunikationstrainerin, Künstlerin, Sängerin und Entrepreneurin, die sich sehr für die SEKEM Vision interessierte. Als Umweltaktivistin suchte sie praktische Wege zur Realisierung ihrer Ideale, setzte sich mit Naturetex in Verbindung und kaufte 100.000 unserer Bio-Handtücher, die sie in Hotels in Skandinavien verkaufen wollte. Bald darauf gründete sie den Verein

SEKEM Scandinavien, der auch meine Biographie auf norwegisch übersetzen ließ. Sie führte mich in das nordische Kulturleben ein und baute eine kulturelle Nord-Süd Brücke.

Die SEKEM Vereine haben die SEKEM Idee in den Medien und in der Öffentlichkeit bekannt gemacht und einen interkulturellen Dialog angeregt. Ein weites Netzwerk von Menschen wurde dadurch aufgebaut. Manche Mitglieder dieser Vereine haben den Weg nach SEKEM gefunden und sind heute in SEKEM tätig.

In Kooperation mit der ägyptischen Schwesterorganisation, der SEKEM Development Foundation, konnten zahlreiche Projekte im Bereich Bildung, Kunst, Kultur, Gesundheit für die ägyptische Bevölkerung realisiert werden. Seit der Gründung der Heliopolis Universität fördern alle Vereine auch den Stipendienfond. Durch ihr Netzwerk vor Ort ermöglichen sie einen internationalen Kulturaustausch für Studenten und unterstützen Praktikumsvermittlungen.

DER WELTZUKUNFTSRAT

2007 wurde der Weltzukunftsrat gegründet, bestehend aus 50 Ratsmitgliedern, allesamt Pioniere und Aktivisten auf verschiedenen Lebensgebieten. Es sind weltweit respektierte Persönlichkeiten, weise Menschen, Helden und Pioniere eines neuen Denkens und auch engagierte junge Menschen. Sie treffen sich mindestens einmal jährlich, um die Hauptthemen unserer Zeit zu besprechen. Diese formuliert der Gründer Jakob von Uexkuell so: »Eine globale Gemeinschaft von Weltbürgern mit gemeinsamen Werten muss nicht erst mühselig geschaffen werden. Sie existiert bereits, wie Studien zeigen. Es fehlt aber an Institutionen, die diese gemeinsamen Werte vertreten... Unser Problem ist nicht so sehr ein Wertedefizit, als vielmehr ein Handlungsdefizit... Denn unsere Politiker haben sich zu Gefangenen eines autistischen wirtschaftlichen Fundamentalismus gemacht, der die Zukunft abschreibt und diejenigen Institutionen und Werte unterminiert, auf die die dringend benötigte Transformation unserer Gesellschaft aufgebaut werden muss.«

Die Stiftung World Future Council (WFC) betrachtet sich selbst als globaler Fürsprecher für die Interessen zukünftiger Generationen in der internationalen Politik, sie befasst sich mit Themen wie Umwelt- und Klimaschutz, nachhaltige Energie, Stadtentwicklung und Landwirtschaft und diskutiert Ideen wie die der Kreislaufwirtschaft oder die Aufgabe einer ökologischen Steuerreform. Der Rat mit seinen ehrenamtlichen Mitgliedern tagt einmal jährlich und legt das Arbeitsprogramm fest. Die Entscheidungen und Empfehlungen des Rates werden in Abstimmung mit Expertenkommissionen und externen Beratern vorbereitet und verbreitet.

Der Rat fordert Entscheidungsträger weltweit auf, die Handlungsdefizite, die eine nachhaltige und friedliche Zukunft der Menschheit bedrohen, zu überwinden und neue Wege einzuschlagen. Der Schwerpunkt der Arbeit des WFC liegt in der Politikberatung. In Zusammenarbeit mit Parlamentariern, zivilgesellschaftlichen Gruppen, Regierungen und internationalen Organisationen würdigt der Rat weltweit vorbildliche Gesetze, macht diese bekannt und unterstützt ihre Umsetzung. Er orientiert sich daran, was notwendig ist und nicht daran, was politisch zu einem bestimmten Zeitpunkt möglich erscheint. Diese Langzeitvisionen will der Rat hochhalten und sicherstellen, dass die gewählten Politiker sich mit praktischen Visionären und weitsichtigen Denkern austauschen, wenn sie globale Probleme anpacken und Gesetze auf den Weg bringen.

Auf den meisten der Gebiete, um die sich der Weltzukunftsrat kümmert, kann SEKEM als ganzheitlich und nachhaltig sich entwickelnder Organismus einen Beitrag geben. Insbesondere sind das die Gebiete Umwelt, Bildung und Soziales, Wirtschaft und Politik. SEKEM gliedert sich so in das weltumspannende Lebensnetz ein, das wirksamer als die gefährlichsten Waffen ist, die lediglich äußerlich zerstören können.

3. DIE HELIOPOLIS UNIVERSITÄT – HOFFNUNG FÜR ÄGYPTEN

Im September 2012, mitten in einer der größten politischen Krisen des Landes (dazu mehr weiter unten), eröffneten wir die Heliopolis Universität für nachhaltige Entwicklung – ich möchte sagen: In der größten Dunkelheit zündeten wir ein Licht an. Denn mit der Gründung dieser Universität verbindet sich meine ganz persönliche Hoffnung auf Zukunft, auf die Entwicklung einer demokratiefähigen Gesellschaft in Ägypten.

Die Gründung der Heliopolis Universität knüpft an alles an, was zuvor in SEKEM gewachsen ist und will diese Entwicklung weiterführen. Nachhaltigkeit und eine ganzheitliche Weltsicht sind im Leitbild der Universität verankert. Wir streben eine Zukunft an, in der jeder Mensch sein Potential entfalten kann, in der Menschen in Sozialformen zusammenleben, die auf Menschenwürde bauen und in denen alles wirtschaftliche Handeln in Übereinstimmung mit ökologischen und ethischen Grundsätzen geschieht.

Das 21. Jahrhundert verlangt von Universitäten einen fundamental neuen Ansatz der Wissensvermittlung. Herausforderungen der Zukunft wie Klimawandel, Ressourcenknappheit, Bevölkerungszuwachs oder die zunehmend auseinanderklaffende Schere zwischen Arm und Reich erfordern neue Problemlösungen. Den Studenten wird daher in Lehre und Praktika vermittelt, dass all unsere Ressourcen – Wasser, Energie und Nahrung – begrenzt sind und dass die Zukunft Menschen braucht, die nachhaltig und verantwortungsvoll denken und handeln, um die Ressourcen für nachfolgende Generationen zu bewahren. Wir möchten kreative und innovative Führungspersönlichkeiten mit neuen Ideen fördern, die die gegenwärtigen und zukünftigen Herausforderungen anpacken und für die Teamarbeit und Kooperationskompetenz Schlüsselqualifikationen werden.

Die Ausbildung von Studenten ist etwas grundsätzlich anderes als der Unterricht an einer Schule für Jugendliche. Einmal steht die gewählte Berufsrichtung im Vordergrund. Zum anderen gehen die für den Beruf ausgebildeten Menschen in das praktische Leben und nehmen dort eine höhere soziale Stellung ein. Da entsteht die Aufgabe, den Studierenden – neben ihrer berufsspezifischen Qualifikation – auch eine entsprechende Bildung zu vermitteln, die sie befähigt, in gesellschaftlicher Verantwortung zu handeln. Dazu dient unter anderem das *Core Programme* der Heliopolis Universität.

Studenten der Heliopolis University, Morgenkreis

Das Administrationsgebäude der Heliopolis Universität

DAS CORE PROGRAMME
ZUR PERSÖNLICHKEITSENTWICKLUNG

Im Core Programme geht es um die Ausbildung sozialer Inspiration und individueller Phantasie der Studierenden. In Teamarbeit wird ein Innovationsvermögen geübt, das den Sinn für soziale Verantwortung und das Bestreben, der Gesellschaft zu dienen, entwickelt. Alte Denkmuster müssen überwunden und in kreatives Handeln verwandelt werden. An der Heliopolis Universität nehmen alle Studierenden am Core Programme teil, weil diese Schulung hilft, sich auf ein lebenslanges Lernen einzustellen. Die Fähigkeit, sich selbst und die Welt mit wachem Bewusstsein wahrzunehmen, fördert das Einfühlungsvermögen für die Herausforderungen des kommenden Berufslebens. Zum Programm gehören Bildende Kunst, Musik, Bewegung und Schauspiel, außerdem ein Allgemeinwissen aus den Themenbereichen Ökologie und Tiefenökologie, Politik, Geschichte, Philosophie und Psychologie. Über praktische Tätigkeiten sollen die Studierenden Grundlagen für die Gestaltung eines Gleichgewichtes zwischen der inneren Natur des Menschen und dem äußerem Leben erhalten. Schließlich gehören auch die Sprachen Deutsch, Englisch und Arabisch zum festen Lehrplan.

THEORIE UND PRAXIS MÜSSEN VEREINT WERDEN

In der Praxis der Betriebe ergeben sich immer wieder eine Fülle von Fragestellungen und Problemen. Der Alltag ruft nach Lösungen, die die Angestellten dort allein nicht entwickeln können. Unsere Studenten schicken wir deshalb in Betriebs-Praktika, damit sie von den Arbeitern und Angestellten vor Ort die praktischen Probleme erfahren. Mit diesen aus dem Leben kommenden Fragen gehen sie dann zurück, sie erhalten dadurch Impulse für die Forschung und erlangen in den Curricula hilfreiches Wissen, das sie für eigenständige Lösungen benötigen. Die Curricula der bisher drei Fakultäten, mit denen die Universität begonnen hat – Wirtschaft, Ingenieurwesen und Pharmazie – mussten dazu, ausgehend von bestehenden Programmen, grundlegend überarbeitet und genehmigt werden.

Durch Allianzen mit Partnern in der Industrie ermöglichen es unsere Praxisprogramme, Lehre und Forschung mit der konkreten Realität zu verknüpfen und neue Ideen in die Unternehmenswelt hineinzubringen. Damit wird die Heliopolis Universität zusätzlich zu ihrer Funktion als Ausbildungsstätte zum Motor für gesellschaftliche Entwicklungen. Die Universität ist Mitglied im Netzwerk University Chair of Innovation, das Industrieunternehmen und

Persönlichkeitsbildung

Plastizieren im Core Programme

Universitäten zur Lösung industrieller Probleme durch angewandte Forschung verknüpft. Die Heliopolis Universität ist außerdem Mitunterzeichner der Magna Charta Universitatum und Partner des Regionalen Expertisezentrums für Bildung und nachhaltige Entwicklung (RCE) in Kairo, das von der Universität der Vereinten Nationen in Tokio anerkannt ist.

DAS SOCIAL INNOVATION CENTER

Im Zentrum der Heliopolis Universität ist das Social Innovation Center angesiedelt, das die Idee der nachhaltigen Entwicklung bewahrt und implementiert. In einem Netzwerk von nationalen und internationalen Universitäten werden moderne Curricula gemeinsam erarbeitet und aufgrund laufender Erfahrungen und aktueller Forschungen stetig verändert und angepasst. Eine Gruppe von Wissenschaftlern studiert die brennenden Fragen der Gesellschaft und entwirft Forschungsprojekte zu ihrer Lösung. Das Social Innovation Center sorgt dafür, dass die Resultate der angewandten Forschung gesellschaftlich implementiert werden. So kann die Heliopolis Universität zu einer Quelle der sozialen Innovation werden – ein völlig neuer Universitätsgedanke, der auf die Forderungen des 21. Jahrhunderts eingeht, sich direkt an den Problemen der Gesellschaft orientiert und zu Lösungen beiträgt.

DIE STUDIERENDEN DER HELIOPOLIS UNIVERSITY

In der Heliopolis Universität können von der Abouleish Stiftung unterstützt Stipendien an junge Menschen vergeben werden, die Begabung für ein Studium zeigen, es aber aufgrund ihrer sozialen Herkunft nicht finanzieren könnten. Rund 20 Prozent der jungen Menschen erhalten an der Heliopolis Universität solche Stipendien, die von Freunden in aller Welt und den SEKEM Fördervereinen in Europa mitgetragen werden. Im Jahr 2012 begannen insgesamt 140 Studenten ihr Studium und heute sind es 600 Studenten. Wenn die jungen Menschen die Grundidee der nachhaltigen Entwicklung verinnerlichen und sich dafür einsetzen, dass die Natur, die wirtschaftlichen, sozialen und kulturellen Lebensbereiche sich weiterentwickeln um unser menschheitliches Zusammenleben zu sichern, dann gibt es Hoffnung auf eine bessere und gerechtere Zukunft.

Studenten der Pharmazie sind vom ersten Studientag an Forschungsprojekten involviert

Studenten der Wirschaftsfakultät präsentieren ihr Projekt zum Thema Wüstenbegrünung

4. Soziales und spirituelles Vertrauen

Die Freude, die ich jeden Morgen verspüre, die Begeisterung für meine Arbeit und die unermessliche Liebe, die mein Herz meinen Mitmenschen gegenüber erfüllt, entspringt der Vision einer Gemeinschaft – einer Gemeinschaft, in der Menschen aller Nationen und Kulturen in Frieden miteinander arbeiten und lernen – und wie eine Sinfonie harmonisch zusammenklingen. Eine Gemeinschaft, in der Berufe aus allen Lebensbereichen, aus allen Altersstufen und auch aus allen Bewusstseinszuständen vertreten sind, auch aus solchen, die eine übersinnliche Welt anerkennen, pflegen und lieben – eine Gemeinschaft, die höhere Ideale anstrebt. Eine lebendige, sich fortwährend erneuernde Gemeinschaft, die ihre Dynamik durch das Streben nach einer Wissenschaft des Geistes erhält. Eine Gemeinschaft, die nach Wahrheit und Geduld strebt und die ihre Erkenntnisse für den Menschen und die Umwelt selbstlos einsetzt. Eine Gemeinschaft, die Bescheidenheit und Fleiß praktiziert und deren Werke gesegnet werden. »Und der ihre Herzen zusammenklingen lässt. Hättest du auch alles aufwenden mögen, was auf Erden ist, hättest du doch nicht ihre Herzen in Einklang gebracht, sondern Allah hat sie zusammengeführt.« (Sure 8, 63)

Das SEKEM Gewebe

Seit der Gründung SEKEMS beschäftigt mich die Frage, unter welchen Bedingungen sich eine Gemeinschaft bildet, wie diese wachsende Gemeinschaft lebendig erhalten werden und wie sie sich dynamisch weiterentwickeln könnte. Von Beginn an lebte in mir das Ideal einer Menschengemeinschaft, die durch ihre ständige Entwicklungsbereitschaft eben jene geistige Lebendigkeit aufbringt, die tragfähig ist, also im besten Sinne Zukunft lebt und gestaltet. Von Anfang an konkretisierte sich in mir unsere gesamte Menschengemeinschaft zu einer Art »Lebensgewebe«. Dieses Lebens-Menschengewebe differenziert und vervielfältigt sich seitdem immer mehr, indem die Aufgaben auf viele übertragen werden und viele dieses Gewebe weiterpflegen.

Eine wesentliche Voraussetzung ist dabei das Vertrauen untereinander, das aus dem Vertrauen in die allgegenwärtige Hilfe einer spirituellen Welt erwächst. Diese erschließt sich Menschen, die sich für ihre Inspirationen durch eigene geistig-gedankliche Arbeit ansprechbar machen. Deshalb gibt es unter den Mitarbeitern, seit SEKEM existiert, eine kontinuierliche geistige Arbeit. Die ständige geistige Bemühung strahlt in all unsere Tätigkeitsbereiche aus und bildet diesen tragfähigen Grund für das, was SEKEM werden möchte.

Man ist nicht tüchtig allein

Wenn ich einst auf eine weite Reise gehen werde, dann braucht es Menschen, die SEKEM im Sinne der ursprünglichen Vision weiterentwickeln und die sich vollkommen im Klaren darüber sind, warum SEKEM entstanden ist. Mit den eigentlichen Leitungsaufgaben ist heute ein Kreis von Menschen betraut, die den innersten Kern von SEKEM bilden. Wir nennen diese Gruppe den »Zukunftsrat«. Zu den Bedingungen dieses Rates gehört es, eine lebendige Verbindung zu den geistigen Inspirationsquellen der Vision zu pflegen. Eine weitere Bedingung sehe ich darin, dass die Führungsmitglieder sozialfähig sind, dass sie die Verbindung mit den jeweils anderen als Bereicherung und Ergänzung erleben und voneinander ein Bewusstsein haben. Ebenso zählt als Bedingung dazu die Bereitschaft, ständig weiter zu lernen. Und noch etwas ist für das Funktionieren einer gemeinsamen Leitung entscheidend: Die Menschen des Zukunftsrates erfahren die tieferen Hintergründe, aus denen Entscheidungen getroffen werden. Sie wissen um Risiken und Anfeindungen, denen begegnet werden muss. Aus dem vertrauensvollen Rückhalt der Gruppe können sie mit Mut an notwendige Aufgaben herantreten. Gemeinsam können sie den Problemen objektiver begegnen, aneinander und in der Auseinandersetzung mit der Welt in die Haltung hineinwachsen, dass es nichts gibt, was nicht lösbar wäre. Sie werden fähig, sich bewusst für die Entwicklung der Menschen und für die Erde einzusetzen und handeln aus demselben Vertrauen, das mich anfangs allein trug.

Die SEKEM Initiative in Ägypten darf sich heute von den guten Gedanken vieler Freunde in der ganzen Welt getragen fühlen. Unsere vielen Wirtschaftspartner in aller Welt bilden einen weiteren Kreis von Menschen, die unsere Arbeit in Ägypten begleiten, die mit unseren Produkten handeln und den Vertrieb fördern. Ebenso sind hier die vielen Menschen zu nennen, die uns bei der künstlerisch-kulturellen oder wissenschaftlichen Arbeit unterstützen.

Die Welt ist reich und groß und meine Seele weit. Meine Hinwendung möge weitergehen zu Allah und seinen Engeln, ohne die nichts Irdisch-Lebendiges entstehen kann. Im Koran heißt es, dass Allah die Menschen zusammenführt, dass wir allein es nicht könnten. In meiner Arbeit möchte ich IHN in die Mitte des Bewusstseins stellen, wissend, dass alles, was wir tun und erleben, nicht nur irdisch zusammengefügt ist, sondern aus geistigen Welten heraus unterstützt wird. Allah sagt im Koran: »Ihr, die ihr mit den Herzen versteht, erkennt den Gottesplan. Wenn ihr ihn erkennt und ausführt, unterstützt ihr Allah. Wer ihn unterstützt, dem wird ER beistehen und seine Schritte festigen.« Ist es nicht überwältigend, dass der Mensch Allah unterstützen kann? Immer trete ich deshalb mit dem Appell auf, sich zusammenzufinden und echte Gemeinschaften zu bilden. Man ist nicht tüchtig allein! Das wäre eine Illusion. SEKEM ist aus Begegnungen, aus irdischen und aus geistigen, als etwas Neues entstanden. So glaube ich heute sagen zu können: Ohne SEKEM würde der Welt etwas fehlen.

DER HÜGEL

Einen Hügel auf der SEKEM Farm wollte ich freihalten, der nie bebaut werden sollte. Ich nannte ihn den Ruhehügel, wo mein Grab errichtet werden sollte. Über Jahre blieb er wie ein Denkmal für die Wüstenlandschaft, wie ich sie anfangs vorgefunden hatte, erhalten. Als ich dort einmal allein stand, dachte ich: »So eine besondere Stelle ist viel zu schön für ein Grab; hier sollten sich eigentlich viele Menschen erfreuen!« Ein Platz, an dem sich alle Mitarbeiter SEKEMS versammeln und wahrnehmen könnten, fehlte uns noch. Und so entstand damals das Amphitheater, in dem heute die SEKEM Feste für die Mitarbeiter, Theater und Eurythmieaufführungen und musikalische Veranstaltungen stattfinden mit mehr als 2000 Plätzen.

Bei den einfacheren Menschen in Ägypten ist eine Grabstelle auf einem schönen Friedhof nicht üblich, und deshalb wollte ich auch hier ein Beispiel für einen würdigen Erdenabschied geben. Eines Tages, als ich nach den Bienen schaute, fiel mir auf, an welch schönem, ruhigen Ort sie standen und begann, an dieser Stelle ein Grab in altägyptischen Formen bauen zu lassen: mit einem Aufweg nach Westen, aus goldgelben Quadern gemauert. Im Norden schloss sich eine Kapelle mit gewölbtem Dach an. Auf die gelben Steinwände wurden Sprüche aus dem Koran aufgetragen, die die Reinkarnation des Menschen zum Inhalt haben. Diese Sprüche lauten: »Wie könnt ihr Allah verleugnen, wo ihr tot wart und ER euch lebendig gemacht hat? Dann lässt ER euch sterben und macht

Das Foto zeigt den Eingang zur Grabstätte – es heißt im Buchtext Hügel, allerdings ist es eine Senke, in die der Weg hinabführt

euch wieder lebendig, und dann werdet ihr zu IHM zurückgebracht« (Sure 2 »Die Kuh«, Vers 28). »Haben sie denn nicht gesehen, wie Allah die Schöpfung am Anfang hervorbrachte und sie dann wiederholt? Dies ist für Allah ein leichtes« (Sure 29 »Die Spinne«, Vers 19). »Wir, ja Wir machen die Toten wieder lebendig. Und Wir schreiben auf, was sie vorausgeschickt haben und auch ihre Spuren. Alle Dinge haben Wir in einer deutlichen Anzeigeschrift erfasst« (Sure 36 »Jasin«, Vers 12). »O du Seele, die du Ruhe gefunden hast, kehre zu deinem Herrn zufrieden und von seinem Wohlgefallen begleitet zurück. Tritt in die Reihen meiner Diener ein, und tritt ein in mein Paradies« (Sure 89 »Die Morgenröte«, Vers 27).

An der östlichen Mauer findet sich ein Spruch von mir. Er lautet:

»Wenn ich sterbe, oh Herr,
werde ich zu Dir zurückkehren.
Ich säte die Samen in Deinem Namen,
und von Dir kommt die Ernte.
Ich entzündete diese Kerze,
oh Herr, bewahre ihr Licht vor den Finsternissen der Welt.«

Perspektiven für Ägypten

In Ägypten hatte ein politischer Gärungsprozess begonnen, der 2011 die Verhältnisse grundlegend verändern sollte. Der »Tag der Polizei« am 25. Januar 2011 wurde zu einem revolutionären Fanal. Vom Tahrirplatz, dem Platz der Befreiung im Zentrum von Kairo ausgehend, führte ein Aufschrei der Jugend nach sozialer Gerechtigkeit zum Rücktritt des Staatspräsidenten Husni Mubarak. Nach zwei Wochen blutiger Auseinandersetzungen trat er zurück und ein Militärrat übernahm die Regierung, um eine totale Anarchie zu verhindern. Ein turbulentes Jahr folgte. Wahlen zu einem Parlament und dem Oberhaus brachten einen überwältigenden Sieg islamistischer Kräfte und schließlich nach einem Verwirrspiel im Vorfeld der Präsidentenwahl die Wahl eines Verlegenheitskandidaten, des Moslembruders Mohammed Mursi, zum Staatspräsidenten. Er war als Staatsmann unerfahren und nicht in der Lage, die drängenden Probleme des Landes anzugehen.

Um die geschichtlichen Hintergründe dieser Entwicklung besser zu verstehen, möchte ich einen kurzen geschichtlichen Rückblick auf die Zeit nach dem zweiten Weltkrieg geben.

In Ägypten kam es in der Nachkriegszeit zu großen Veränderungen. Im Jahr 1952 wurde durch einen Staatsstreich der Offiziere die konstitutionelle ägyptische Monarchie aufgelöst, Ägypten war nun eine Republik und die Zusammenarbeit mit England endete. Ein Offizier, Gamal Abdel Nasser, rüstete auf und kämpfte im Jahr 1956 im Suez-Krieg gegen Israel, England und Frankreich. In der Innenpolitik leitete Nasser 1961 weitreichende Verstaatlichungen ein und war außerdem verantwortlich für den Bau des Assuanstaudamms mit seinen gravierenden ökologischen Folgen. 1967 folgte der sogenannte Sechstagekrieg gegen Israel, den Ägypten abermals verlor. Die Sinaihalbinsel, der Gazastreifen, die Westbank und die Golanhöhen gehörten nun zu Israel. In der Zwischenzeit wuchs die Anhängerschaft der bereits Ende der 20er Jahre des 20. Jahrhunderts gegründeten Moslembrüder, die aber unter der Regierung Nasser weiter im Untergrund agieren mussten. 1973 wurde die Sinaihalbinsel nach schweren Kämpfen gegen Israel und intensiver diplomatischer Bemühungen unter der Führung von Anwar el Sadat befreit.

Vier Jahre später überraschte der Nachfolger Nassers, Anwar Al Sadat, die Welt mit einem Besuch in Israel. Bis dahin hatte Ägypten eine fortlaufende Kriegsgeschichte erfahren, die das gesamte Volk verarmte und destabilisierte. Gewaltige Gelder waren über Jahre in Waffen gesteckt worden, wohingegen für den Aufbau der Infrastruktur, für Kultur, Bildung, Forschung oder Krankenhäuser fast nichts übrig blieb. Das Volk war völlig auf Krieg ausgerichtet worden, Krieg gegen den »Staatsfeind« Israel. Als Sadat Frieden mit Israel anstrebte, atmete ich auf, denn ein kultureller und wirtschaftlicher Aufbau Ägyptens konnte meiner Überzeugung nach nur durch Frieden mit Israel entstehen. Mir war klar, dass sich nur durch Gespräche und direkte Verhandlungen mit Israel der Frieden langfristig sichern ließ. Dazu mussten, weil es um das Wohl des ägyptischen Volkes geht, die Ungerechtigkeiten der Vergangenheit wenigstens eine Zeitlang zur Seite gestellt werden. Das, was ich hier ausspreche, gilt meiner Überzeugung nach auch für die Gegenwart. Ich plädiere deshalb eindringlich für einen Kulturaustausch mit Israel, für wirtschaftliche Beziehungen und diplomatische Gespräche zwischen Ägypten und Israel.

Während der kurzen Friedenszeit unter der Regierung Sadats gärte es in der Bevölkerung. Die Moslembruderschaft wurde auf Druck der USA aus den Gefängnissen entlassen. Es gab jedoch keinen echten Frieden und im Jahr 1981 wurde Sadat durch Anhänger der Moslembrüder, die einen Frieden mit Israel strikt ablehnten, ermordet.

Der Nachfolger Sadats, Hosni Mubarak, bemühte sich um den Frieden in der Region. Er öffnete die Märkte, wobei allerdings die Reichen immer reicher und die Armen immer ärmer wurden. Es mangelte an sozialer Gerechtigkeit. Die Moslembrüder dagegen schufen in dieser Zeit Schulen, Krankenhäuser und soziale Einrichtungen und unterstützten die Armen mit Spenden. So bauten die Moslembrüder eine starke Organisation auf, die in den sozial benachteiligten Schichten große Anerkennung fand.

Angesichts dieser ungeheuren Ungerechtigkeit kam ich mir oft vor wie bei einem aussichtslosen Kampf gegen Windmühlen. Auf Druck der USA auf die ägyptische Regierung, die innenpolitische Situation endlich zu klären, durften die Moslembrüder sich erstmals 2005 an einer Parlamentswahl beteiligen und erhielten 80 von 400 Parlamentssitzen. 2010 wurden die Wahlergebnisse von der Regierungspartei manipuliert und die Moslembrüder erhielten nur noch vier Sitze. Durch die zahlreichen sozialen und karitativen Aktivitäten hatten die Moslembrüder aber einen starken Rückhalt in der Bevölkerung. Am 25. Januar 2011 forderte dann das verarmte Volk die lang entbehrte soziale Gerechtigkeit und der ägyptische Aufstand nahm seinen Lauf. Die Moslembrüder ergriffen ihre Chance, das Volk setzte Polizeistationen in Brand, zahlreiche Gefängnisse wurden gesprengt – wir kennen diese Bilder, die um die Welt gingen.

Diese Zeit haben wir in SEKEM bitter erlebt. Alle Beschäftigten und vor allem die Kinder waren tief verunsichert. Kriminelle Banden zogen durch das Land, wir mussten uns und die kooperierenden Farmen vor kriminellen Übergriffe schützen. Es bestand höchste Lebensgefahr. Alle Träume, die auf eine Expansion SEKEMS gerichtet waren, wurden zunichte. Durch Investitionen, die wir in den Ankauf von Land im Sinai, in der Baharya Oase und in Minya getätigt hatten, entstanden große Verluste, denn aus Sicherheitsgründen konnten wir den Aufbau dieser Flächen nicht weiterführen.

Ägypten erlebte in dieser Zeit einen inneren Krieg, denn die Moslembrüder verfolgten weiterhin mit aller Entschlossenheit die Gründung eines islamischen Staates. In meiner weiteren Verwandtschaft und in unserer Mitarbeiterschaft gibt es viele Anhänger der Moslembrüder. Nicht wenige kamen nach der Regierungsübernahme durch Mursi plötzlich mit langen Bärten zur Arbeit. Ich versuchte mit den Moslembrüdern in Kontakt zu kommen und richtete einen regelmäßigen Gesprächskreis mit der Elite der Moslembrüder ein, aber meine Bemühungen erwiesen sich als aussichtslos. Ihre Köpfe erschienen wie nach einer Gehirnwäsche mit fanatischen Parolen zuzementiert, wobei sie einen unverstandenen Koran daherbeteten, wie ich es aus früheren Jahren kannte und in dem Kapitel »Die Anbeter der Sonne« geschildert habe.

In Ägypten überlebten nur 25 Prozent der privaten Betriebe diese schwere Krise. Eine gewaltige Depression verbunden mit hoher Arbeitslosigkeit drückte das ganze Land. Nicht Wenige brachten schnell ihr Geld im Ausland in Sicherheit und überließen das eigene Land seinem Schicksal. SEKEM dagegen hat in dieser Zeit keinen Mitarbeiter entlassen, wir haben lediglich die Schichtzeiten reduziert. Seit Ausbruch der Revolution habe ich zum Ausgleich das Budget für Bildung, Feste und für die Schulen noch erhöht und dadurch versucht, im Dunkeln eine Kerze anzuzünden. Und 2012 wurde die Universität eröffnet – bewusst konträr zu dem, was im Land geschah. Die Gründung der Heliopolis Universität, einer Universität des 21. Jahrhunderts, die junge Menschen für eine menschenwürdigere Zukunft ausbildet, sehe ich nun als die wichtigste Hoffnung an.

Die Welt spricht vom »Arabischen Frühling« – aber das Bild ist bei näherem Hinsehen vielschichtig. Einflussreiche amerikanische und britische Kreise waren an den Vorgängen interessiert. Nach dem Sturz Mubaraks und den ersten freien Wahlen verhalfen die USA mit 80 Millionen Dollar Finanzhilfe den Moslembrüdern zur Festigung ihrer Macht. Natürlich war es ein gefährliches Spiel, als die Moslembrüder dann einen islamischen Staat ausrufen wollten und die neue Verfassung durchdrückten, in der die Scharia die Rechtsprechung beherrscht, die Frauen unterdrückt und kulturelle Einrichtungen als Hurenhäuser diffamiert werden sollten. Man munkelte in dieser Zeit sogar, die Pyramiden sprengen zu lassen. Die Gesellschaft drohte um Jahrhunderte zurückversetzt zu werden und weite Volksschichten wehrten sich 2013 in einer zweiten Aufstandswelle. Es kam zu zahlreichen gewalttätigen Auseinandersetzungen. Um einen Bürgerkrieg zu verhindern, griff 2013 das Militär ein und setzte Mohammed Mursi ab. Die Moslembruderschaft wurde verboten und deren militante Anhänger hart bestraft. Eine Übergangsregierung wurde eingesetzt und Anfang Dezember 2013 legte der eingesetzte »Rat der 50« einen neuen Verfassungsentwurf vor. Die Volksabstimmung zu der neuen Verfassung erfolgte im Januar 2014 und wurde mit großer Mehrheit angenommen. Die neue Verfassung gibt nun den Menschen in Ägypten mehr Rechte, Frauen wird die Gleichberechtigung und Kindern sowie vernachlässigten Bevölkerungsgruppen der Schutz des Staates garantiert. Mehr Autonomie erhalten die Kopten und die Juden. Auch sind Grundrechte wie die Versammlungsfreiheit und die Pressefreiheit garantiert.

Mit dem »Rat der 50« war auch SEKEM im Gespräch. Ich begrüße die neue Verfassung außerordentlich, denn sie enthält viele wesentliche moderne Elemente wie die Garantie der Menschenwürde. Auch der Aspekt der Nachhaltigkeit wurde berücksichtigt. Hinzu kommt der Beschluss, künftig vier Prozent des Bruttosozialprodukts für Bildung und Schulen auszugeben. Damit sind wichtige gesetzliche Grundlagen für eine hoffnungsvolle Zukunft geschaffen.

Wenn ich gefragt werde, wo die Lösung für das Land bzw. die arabischen Länder liegt, dann lautet meine Antwort: Man sichere den Frieden mit Israel, damit Frieden in der Region sich ausbreiten kann, der für einen intensiven Kultur- und Bildungsaufbau genutzt werden muss. Mein Rat geht dahin, den kulturellen Dialog zu öffnen, vermehrt Handelsbeziehungen aufzubauen und Kooperationen zu fördern.

Ich sehe, dass meine Vision der nachhaltigen Entwicklung inzwischen auf nationaler Ebene angekommen ist. Heute werden von der ägyptischen Regierung große Landerschließungprojekte in bisherigen Wüstengebieten durchgeführt, Dörfer entstehen, damit Menschen neue Gemeinschaften gründen. Zahlreiche nationale Großprojekte wie der Ausbau des Suez-Kanals werden realisiert. Zu den wichtigsten Entwicklungsprojekten aber gehört die Erneuerung des Erziehungs- und Bildungsbereiches. Die Erfahrungen der SEKEM Pädagogik geben Impulse für dieses Projekt und haben zunehmend Einfluss auf die Lehrplangestaltung und Lehrerbildung. An der Heliopolis University werden im Zentrum für nachhaltige Erziehung Lehrer der Staatsschulen methodisch-didaktisch ausgebildet.

Frieden im Nahen Osten und Frieden im Land ist die Basis aller weiterer Entwicklung in der Region. Ich hoffe, dass die Staaten der Europäischen Union mit allen Ländern der Welt diese Entwicklung in Ägypten fördern, damit eine Wechselwirkung möglich wird und neue Entwicklungschancen entstehen.

Dr. Abouleish und Mitglieder des Weltzukunftsrates

Kontakt zu SEKEM

In Ägypten:

sdf@sekem.com
www.sekem.com

In vielen Ländern Europas gibt es bereits SEKEM-Fördervereine:

In Österreich:

sekemoesterreich@gmx.at
www.sekemoesterreich.at

In Deutschland:

info@sekem-freunde.de
www.sekem-freunde.de

In der Schweiz:

info@sekemverein.ch
www.sekemverein.ch

In den Niederlanden:

info@sekemvrienden.nl
www.sekemvrienden.nl

In Skandinavien

info@sekemscandinavia.com
www.sekemscandinavia.com

 **INFO3**
VERLAG

Kirchgartenstr. 1, 60439 Frankfurt, Tel.: 069 - 58 46 47, vertrieb@info3.de, www.info3-verlag.de